도슨트 정우철의

미술 극장 2

EBS 클래스ⓔ | 라이프

도슨트 정우철의 미술 극장 2

오늘보다
더 눈부시게
살고 싶은

당신에게.

정우철 지음

EBS BOOKS

prologue

저 그림만큼만 행복할 수 있다면
저 사람만큼만 용감할 수 있다면

저는 미술관에서 사는 법을 배웁니다. 그 동안 많은 전시를 관람하고 또 직접 해설하면서, 한 사람이 살아가면서 겪을 수 있는 거의 모든 모순이 그림 속에 담겨 있다는 것을 절감하게 되었습니다. 우리가 경험할 수 있는 거의 모든 행복과 슬픔이 그림 속에 있습니다.

그 누구보다 생(生)을 아파했고 그 누구보다 빛났던 이들을 미술관에서 만났습니다. 폭풍과도 같은 젊음을 지나 최후의 시간에 이르기까지 삶의 순간을 그림 속에 빠짐없이 기록한 화가들입니다. 산다는 것은 하루하루 나를 발견하고 되찾는 일이라는 사실을 그들에게서 배웠습니다.

예술은 온갖 고통을 잘게 씹어 으깨는 찬란한 분투입니다. 저는 아직까지 미술관에서 만난 예술가의 삶보다 더 큰 감동을 주는 예를 알지 못합니다. 위대한 예술가들의 삶과 작품은, 저 그림만큼만 행복할 수 있다면, 저 사람만큼만 용감할 수 있다면, 거듭 희망하고 거듭 다짐하게 해주었습니다.

지금부터 책 속 열두 명의 예술가들의 예민한 눈과 부지런한 손과 얼음 같은 영혼을 통해 우리 생의 한 순간 한 순간을 들여다보고자 합니다. 눈물이 흐르는 날엔 고흐를, 사랑이 지겨울 때엔 보나르를 펼쳐보시기 바랍니다. 뭉크의 사무치는 희망, 세잔의 뚝심, 달팽이 같은 루소의 꿈이 여러분의 가슴에 남았으면 좋겠습니다.

『미술 극장』을 펴낸 지 얼마 되지 않은 것 같은데, 벌써 1년이 지났습니다. 아끼고 사랑해준 독자 여러분 덕분에 두 번째 『미술 극장』을 펴내게 되었습니다. 아마도 『미술 극장』 속 예술가들이 일상의 이름 없는 작은 순간들, 바쁜 삶 속에서 잊고 잃어버린 소중한 것들을 환하게 비추어주기 때문인 것 같습니다.

세상 가장 고요하고 솔직한 시간으로 여러분을 초대합니다. 180여 점의 명화들은 우리가 살고 있는 지금 여기로부터 오래전 먼 이야기이지만 각별한 향기를 뿜습니다. 여러분의 삶에 예술이 스며들기를 바랍니다.

그림은 고독한 마음의 친구이자, 위로의 손길이며, 의사입니다. 스스로 꽃이 되고 별이 된 이 아름다운 사람들의 생애와 작품이 여러분의 하루하루에 쉼이 되고 빛이 되어줄 것입니다.

2022년 겨울

정우철

contents

제1화 빈센트 반 고흐

문득 눈물이 흐르는 날엔

Vincent van Gogh
Edouard Manet
Pierre Bonnard
Edgar De Gas
Paul Cézanne
Henri Rousseau
Suzanne Valadon
William Turner
Wassily Kandinsky
Auguste Renoir
Edvard Munch
André Brasilier

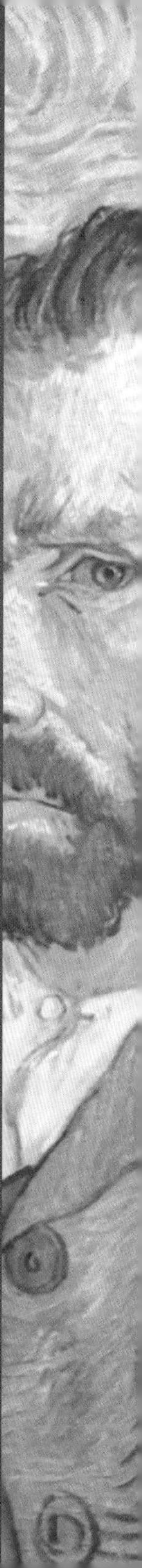

Vincent van Gogh

–

1853~1890

"저 별에
가기 위해서는
내가 죽어야
하겠지."

어떤 예술가의 이야기가 처음이어야 할까? 꽤 오랫동안 머리를 싸맸지만, 고백하건대, 한 사람에게서 벗어날 수가 없었습니다. 이 세상 그 누구보다 외로운 삶을 살았지만 빛나는 영혼으로 기억되는 별 같은 사람입니다. 아프고 아름다운 사람…….

누군가는 그를 예술가들의 예술가로 부릅니다. 저도 비슷한 생각입니다. 사막 한가운데서도 사라지지 않는 발자국을 제게 남겨주었기 때문입니다.

배경과 꽃의 여러 빛깔과 노란색의 조합이 따뜻하면서도 강렬한 그림 〈열다섯 송이 해바라기〉가 이 화가의 작품입니다. 화가는 태양을 향해 고개를 뻗는 해바라기를 마치 자신처럼 생각한 것 같습니다. 그에게 그림은 빛이자 영원이었습니다. 그리고 그 역시 태양처럼 가슴속에 타오르는 불과 같은 영혼을 찬란하게 태워버렸습니다.

화가에겐 의무가 있다. 화가는 자연에 몰두하고 온 힘을 다해 자신의 감정을 작품에 쏟아부어야 한다. 그래야 다른 이들도 보고 공감할 수 있는 그림을 그릴 수 있다. 팔기 위해 그림을 그린다면 예술의 목적을

Still Life - Vase with Fifteen Sunflowers
열다섯 송이 해바라기
빈센트 반 고흐
1888

이룰 수 없다. 그것은 예술을 사랑하는 사람들의 눈을 속이는 일이다.

바로 빈센트 반 고흐(Vincent van Gogh)입니다. 그가 세상을 떠나기 1년 전에 그린 〈자화상〉 속에서도 그림을 향한 순수한 열정을 느낄 수 있습니다. 일렁이는 푸른빛 배경과 강렬한 눈빛이 무척이나 인상적입니다. 〈자화상〉 속에서도 〈열다섯 송이 해바라기〉 속에서도, 자신에게, 그리고 예술 앞에 엄격했던 한 화가의 의무가 생생하게 전

Self-Portrait
자화상
빈센트 반 고흐
1889

해집니다.

하지만 안타깝게도 살아생전 고흐가 판매한 유화 작품은 〈붉은 포도밭〉 단 한 점뿐입니다. 황금빛 태양, 울긋불긋한 포도밭, 포도를 수확하느라 분주한 사람들, 다양한 색이 우리 눈을 즐겁게 하는 작품입니다. 당시 판매액은 400프랑, 고작 두 달 생활비 정도였다고 합니다. 그래도 그는 그림 그리는 일을 구원(救援)이라고 했습니다. 그림을 그리지 않았다면 더 불행했을 것이라고 했습니다.

나의 내면이나 사물을 보는 방식에는 변함이 없다. 굳이 변한 것을 말하자면, 당시에 내가 생각했고 믿고 사랑했던 것을 지금은 더 생각하고 더 믿고 더 사랑한다는 것이다.

이제 그는 목적을 이룬 것 같습니다. 고흐는 누가 뭐래도 오늘날 가장 많은 이들의 사랑을 받는 화가 중 한 사람이 분명하니까요.

Red Vineyards at Arles
붉은 포도밭
빈센트 반 고흐
1888

+ 내 영혼을 바칠 하나의 일을 찾아서

빈센트 반 고흐는 1853년 네덜란드에서 목사였던 아버지와 아마추어 화가였던 어머니 사이에서 태어납니다. 고흐의 예술성은 어머니에게 물려서 받은 것이기도 합니다. 그가 어린 시절 그린 드로잉이 남아 있는데요. 저도 얼마 전 처음 접하게 된 작품입니다.

디테일과 생동감 넘치는 표현이 대단합니다. 그런데 이 작품에 대해서는 여러 의견이 있습니다. 같은 해 그려진 다른 작품 중에는 이것보다 실력이 부족해 보이는 작품도 나타나기 때문이죠. 이 작품은 아마 옆에서 어머니가 도와준 후에 고흐의 이름으로 서명했을 확률이 높다고 합니다.

독특한 사연은 또 있습니다. 이름입니다. 고흐가 태어나기 1년 전에 죽은 형이 있는데 형의 이름도 '빈센트'였습니다. 죽은 첫째 아이의 이름을 그대로 물려준 것이죠. 게다가 이 무슨 운명의 장난인가요. 고흐의 생일과 형의 제삿날이 같았습니다. 고흐는 어린 시절부터

Dog
짖는 개
빈센트 반 고흐
1862

어머니가 슬퍼할 때면 자신이 위로하고 기쁘게 해드려야 한다는 책임감에 사로잡혔습니다. 그래서일까요. 어린 시절부터 고흐는 사려 깊고 현명한 아이지만 정신적 불안의 징조가 있었다고 합니다.

그런 고흐의 첫 직업은 화가가 아닌 화상(畫商)이었습니다. 넉넉하지 못한 형편에 학교를 일찍 그만두고 16세에 구필 화랑(Goupil & Cie)에서 작품 판매 일을 했습니다.

다음은 당시 화랑의 모습입니다. 어린 시절부터 미술 관련 서적을 읽었던 고흐는 이 일에 매우 만족했습니다. 주변 사람들도 그가 유

구필 화랑

능한 화상이 될 것이라 믿었죠. 이후 화랑의 런던과 파리 지점에서도 근무했습니다. 그런데 런던 지점에서 일하던 고흐의 마음에 들어온 한 여인이 있었습니다.

이름은 외젠 로이어(Eugenie Loyer). 당시 고흐는 목사의 미망인 집에 살고 있었는데, 그 집의 딸이었습니다. 그녀에게 푹 빠진 고흐는 오랜 시간 고민 끝에 청혼합니다. 하지만 그녀는 숨겨둔 약혼자가 있다며 청혼을 거절하지요. 고흐는 당시 사랑하는 법을 몰랐습니다. 천천히 그녀의 마음을 얻기 위해 노력하며 반응을 알아가는 것이 아닌 어느날 갑자기 찾아가 청혼했을 정도였으니까요. 아무튼 첫사랑의 아픔은 큰 상처를 남기고 떠나게 됩니다. 저도 첫 사랑과 헤어지고 일이 손에 안 잡힐 정도로 슬퍼했던 기억이 납니다.

꼭 이 때문만은 아니겠지만 고흐는 조금씩 그림을 판매하는 일에 무력감을 느낍니다. 오히려 『성경』을 탐독하고 자신의 소명을 생각합니다. 『성경』을 얼마나 읽었는지 당시 동생 테오와의 편지를 보면 『성경』 구절로 가득합니다. 그는 이후 파리 지점으로 발령받았는데요. 미술을 돈벌이에만 이용하는 현실에 회의를 느꼈고 여러 상황이 겹치며 결국 화랑을 나오게 됩니다.

고흐는 이후 아버지의 뒤를 이어 목사가 되기를 희망하며 밤낮으로 열심히 공부합니다. 하지만 신학대학 입학시험에 낙방하고 말죠. 그래도 포기할 수 없었던 고흐는 전도사 학교에 요청해서 임시 전도사 활동을 허가받습니다. 전도를 위해 벨기에의 탄광촌으로 향하고, 이곳에서 전도 활동에 전념했습니다. 하지만 고흐의 성격은 너무 격정적이었습니다. 눈치가 없는 사람이었죠. 결국 교회 지도부의 거부감을 샀고 이 또한 좌절됩니다.

+ 고흐 스스로가 자신의 '첫 작품'이라 불렀던 그림

뭔가 세상에 가치 있는 사람이 되어야 한다. 고흐는 이 생각으로 하루하루 괴로웠습니다. 그리고 그때 그의 뇌리를 스쳐간 것이 바로 '그림을 그리는 일'이었습니다. 고흐에게 화가는 하느님의 말씀을 그림으로 전하는 사람이었습니다. 고흐는 예술을 통해 사회적 약자를 섬기고자 했습니다. 그렇게 고흐는 1880년 27세에 화가가 되기로 결심합니다.

이후 브뤼셀, 헤이그 등을 전전하며 그림 수업을 듣습니다. 하지만 고흐는 아카데미 방식의 정확한 사진 같은 그림을 그리고 싶지 않았습니다.

> 나는 아카데미 방식으로는 정확한 그림을 그릴 수 없다고 생각한다. 만약 밭을 갈고 있는 농부의 사진을 찍는다면 사진 속의 농부는 더 이상 밭을 갈지 않을 것이다.

사실 이제 와 생각해보면 사진처럼 정확하게 그린다면 모든 것이 정지된 것처럼 보일 겁니다. 그래서 후반기에 완성된 그의 그림들을 보면 특유의 붓 터치로 그림이 마치 살아 숨 쉬는 듯한 느낌을 받습니다. 고흐는 사진을 경멸했습니다. 19세 이후에 찍은 사진이 없습니다. 고흐의 사진이 몇 장 남아 있지 않은 이유입니다. 그나마 30대 중반에 동료 화가가 그의 모습을 찍었는데 그마저 등을 돌려서 30대의 얼굴도 알 수가 없습니다. 오로지 그의 자화상으로 유추해볼 뿐입니다.

고흐는 주변의 비판을 받아들이지 못하고 작은 충고에도 쉽게 상처받았습니다. 그림은 거의 독학으로 배워야 했지요. 그런 그에게도 존경하는 예술가가 있었습니다. 장 프랑수아 밀레(Jean François Millet)입니다. "예술은 위안의 놀이가 아니다"라고 천명한 농민 화가 밀레 말입니다. 고흐는 그의 영향을 받아 노동자와 농민 계급의 모습을 그리게 됩니다. 초기작을 보면 그의 영향이 생생하게 전해집니다.

The Sower
씨 뿌리는 사람
장 프랑수아 밀레
1850

Sower (after Millet)
씨 뿌리는 사람
빈센트 반 고흐
1881

〈씨 뿌리는 사람〉은 밀레의 작품을 모방한 작품입니다. 얼마나 밀레를 존경했는지 고스란히 느껴집니다. 고흐는 농민들의 성실한 삶에 감동했습니다. 그래서 밀레가 그랬던 것처럼 노동하는 사람들의 정직한 삶을 그려내겠노라 다짐하죠. 19세기 후반은 급격한 도시화와 산업화로 인해 도시와 농촌의 괴리가 심화되었습니다. 고흐는 농촌의 현실을 있는 그대로 기록하려는 의무감이 있었습니다. 고흐 스스로가 자신의 '첫 작품'이라 불렀던 그림에서도 그의 생각이 읽힙니다. 아마 많은 사람들이 생각하는 고흐의 그림과는 전혀 다를 겁니다. 〈감자 먹는 사람들〉입니다.

첫 느낌은 전체적으로 굉장히 어둡고 칙칙합니다. 좁은 방 안에 모인 가족이 램프 하나에 의지한 채 식사를 하고 있습니다. 자세히 들여다보니, 아들이 나이 든 어머니에게 감자를 건네줍니다. 아내는 남편에게 하루 일을 이야기합니다. 등을 돌리고 있는 인물은 딸인 것 같은데요. 표정을 알 수는 없지만 화목한 저녁시간에 웃고 있지 않을까 싶습니다. 차갑고 슬프게 내리는 저녁이 아닙니다. 감자 몇 알이지만 그것을 나누는 모습에선 한없는 따스함과 다정함이 묻어납니다. 고흐는 자신의 일기에 이렇게 써두었습니다.

> 나는 램프 불빛 아래에서 감자를 먹고 있는 사람들이 접시를 내밀고 있는 손, 자신을 닮은 바로 그 손으로 땅을 팠다는 점을 분명히 보여주려고 했다. 그 손은, 손으로 하는 노동과 정직하게 노력해서 얻은 식사를 암시하고 있다.

노동의 정직함과 그에 대한 고흐의 경외가 느껴집니다. 당시 이

The Potato Eaters
감자 먹는 사람들
빈센트 반 고흐
1885

그림은 고흐 스스로는 만족했지만 동료 화가들에게 비난을 받았습니다. 지나치게 과장된 손, 비율이 안 맞는 비정상적으로 긴 팔, 그리고 중요한 것은 당시 미술계는 아름다운 인상주의 그림이 대세였습니다. 그런 시대에 이런 어두운 그림은 당연히 인기가 없었죠. 대세에 맞지 않으니 팔릴 리도 없었고요. 화상이었던 동생 테오에게 이 작품을 판매하고 싶다고 하자 테오는 형이 마음 상하지 않게 위로해주었을 정도였습니다.

+ 파리, 2년, 230점의 작품

1886년 고흐는 예술의 중심지 파리로 향합니다. 몽마르트르에 있는 동생 테오의 아파트에서 함께 생활했습니다. 고흐는 이곳에 도착하자마자 루브르 박물관부터 갈 정도로 그림에 대한 열정이 대단했습니다. 당시 파리에는 모네, 르누아르, 바지유, 시슬레 같은 인상파 화가들이 모여 있었는데, 그들의 작품을 보며 고흐의 그림은 밝아지게 됩니다. 당시의 작품을 살펴보겠습니다.

그중 독특한 작품은 단연 〈르픽의 아파트에서 바라본 풍경〉입니다. 캔버스 위를 자세히 보면 마치 점을 찍은 것 같습니다. 색을 팔레트에 섞지 않고 캔버스에 점을 찍듯이 그린 겁니다. 이런 방식을 점묘법이라고 하는데요. 신인상주의 미술의 대표적 화가 조르주 쇠라(Georges Pierre Seurat)의 영향을 받은 것입니다.

〈생 마리의 바다 풍경〉도 그렇습니다. 색은 더 밝아지고 질감도 더 가벼워졌죠. 고흐의 작품이라고 생각하기 힘들 정도로 화창한 풍경입니다. 당시 인상주의자들의 풍경화와 흡사합니다. 고흐가 파리에서 유행하던 그림들에 얼마나 관심을 기울였는지, 그리고 얼마나 왕성하게 그 화풍을 흡수했는지 알 수 있습니다. 이전에 본 〈감자 먹는 사람들〉과 같은 화가의 그림이라고는 도무지 생각하기 힘듭니다. 이렇게 동생의 조언과 유행하는 예술에 대한 관심을 통해 고흐의 화풍은 변하기 시작합니다.

View of Paris from Vincent's Room in the Rue Lepic
르픽의 아파트에서 바라본 풍경
빈센트 반 고흐
1887

Seascape at Saintes-Maries

생 마리의 바다 풍경

빈센트 반 고흐

1888

+ 사막 한가운데서도 사라지지 않는 발자국

하지만 파리에서의 삶이 고흐에겐 매력적이지 못했습니다. 고흐의 눈에 모든 것이 빠르게 변해가는 도시, 겉멋만을 좇는 세련된 신사들의 모습은 흥미와 매력이 아닌 환멸과 허무로 다가왔습니다. 그에게 파리는 그 화려한 속삭임에도 불구하고 진실의 세계가 아니었던 것 같습니다. 파리의 인상주의자들과 트러블도 잦았는데요. 도시의 세련된 화가들이나 친목과 파티를 즐기는 예술가들은 고흐의 복장과 행동을 용납하지 않았습니다. 고흐 또한 순간의 인상만을 좇는 인상파의 그림에 만족하지 않았죠.

고흐는 결단을 내립니다. 무작정 그들을 따라가는 것이 아닌, 자신만의 색을 찾기로 한 것이죠. 고흐가 파리의 예술가들과 어울리지는 못했지만 그들로부터 큰 것을 얻었습니다. 인상주의자들이 개발한 색면 분할식 터치를 습득한 것입니다. 이 시기에 우리가 아는, 그 살아 숨 쉬는 듯한 붓 터치가 고흐의 스타일로 재탄생했습니다. 당시 고흐의 정물화와 그의 글을 살펴보겠습니다.

> 어려움이 많지만 열정을 가지고 색채에 대한 자신만의 감성을 개발한다면 그 모든 난관을 극복할 수 있겠지. (……) 나는 모델을 구할 돈이 부족해서 인물화를 포기했네. 대신 꽃, 빨간 양귀비, 물망초, 흰색과 붉은 장미, 노란 국화 같은 꽃들을 그리며 색채를 연구했네.

Vase with Daisies and Anemones
푸른 꽃병과 꽃
빈센트 반 고흐
1887

당시 정물화가 많이 남아 있는 이유를 알 것 같습니다. 계속해서 찾아오는 어려움에 굴복하지 않고 자신의 색을 찾으려는 고흐의 노력이 그 그림들에 담겨 있습니다. 지금도 그의 그림들이 우리 마음을 울리는 이유가 아닐까요. 수많은 시행착오를 거치며 고흐는 점점 자

Self-Portrait with Straw Hat
밀짚 모자를 쓴 자화상
빈센트 반 고흐
1887

신만의 고유한 스타일을 찾았습니다.

저는 이 부분에서 고흐가 참 대단한 화가라고 느꼈습니다. 당시 유행하는 예술이 무엇임을 알았지만 휩쓸리지 않고 자신의 길을 찾는 것, 흔들리지 않고 자신의 색을 구하는 것, 오히려 오늘날 더욱 공감이 되고 절실한 자세인 것 같습니다.

또 하나 주목해야 할 것이 자화상입니다. 고흐는 이 시기에 약 30여 점의 자화상을 남겼습니다. 자화상은 화가의 내면입니다. 저마

Self-Portrait
자화상
빈센트 반 고흐
1887

다의 그림 속엔 자전적 이야기가 흐르고 있습니다. 렘브란트가 그랬고, 고야, 뭉크가 그랬습니다. 그런데 반 고흐의 이 시기 자화상은 자전적이거나 자기연민을 담은 것이 아닙니다. 일종의 미학적 실험의 결과였습니다. 마치 정물화처럼 자신의 모습으로 예술적 실험을 계속해서 이어갔던 것이지요. 그렇게 그는 파리에서 지낸 2년이란 시간 동안 무려 230점의 작품을 남깁니다.

+ 오직 오늘보다 나아지기 위한 분투

우리가 좋아하는 고흐의 작품들은 외로움 속에서도 포기하지 않은 열정의 결과물이었습니다. 주류에 휩쓸리지 않는다는 것, 그것은 바꿔 말하면 스스로 고난의 길로 걸어 들어간다는 뜻입니다. 우리는 알고 있습니다. 타인이 알아주지 않아도 스스로 만족하면 된다는 것을. 하지만 이 사실도 알고 있지요. 그것이 얼마나 외롭고 힘든 길인지를 말입니다.

고흐는 자신만의 길을 묵묵히 걸었습니다. 예술이 있어 견딜 수 있었을까요. 물감이 있고, 캔버스가 있고, 빛이 있고 나무가 있고 들판이 있어서 잠시나마 찬란하도록 행복했을 겁니다. 『어린 왕자』를 쓴 생텍쥐페리의 '사막'에서처럼 말입니다.

> 나는 외로움을 안다. 나는 3년 동안 사막에서 살았다. 그 덕에 나는 그 맛을 잘 안다. 그곳에서는 광물의 풍경 속에서 마모되는 젊음이 조금도 겁나지 않는다. 오히려 그곳에서는 자신으로부터 저 멀리 떨어진 온 세상이 늙어가는 것처럼 보인다. 나무는 열매를 맺고 대지는 밀을 밀어올리고 여인들은 벌써 아름다웠다.
>
> _ 생텍쥐페리, 『인간의 대지』 중에서

오직 나아지기 위해 평생을 분투한 예술가, 빈센트 반 고흐. 단언컨대 그보다 더 고민하고 그보다 더 노력한 예술가는 드뭅니다. 사막에 불시착한 조종사와 같은 오늘의 우리에게 고흐의 이야기가 커다란 울림을 주는 이유입니다.

100년이라는 시간을 넘어 와 그가 우리에게 말해주는 듯합니다. 세상이 알아주지 않아 외로움에 사무칠 때면, 자신의 그림이 공감해 줄 것이라고 말입니다. 고흐는 그렇게 사막 한가운데서도 사라지지 않는 발자국을 우리에게 남겨주었습니다.

+ 너무나도 강렬했던 해바라기 같은 만남

짧은 파리 생활을 마친 고흐는 1888년 남프랑스의 아를로 향합니다. 예전부터 꿈꿔온 예술가 공동체를 만들기 위해서였습니다. 고흐는 아를이 뜨거운 태양에 보다 가까운 곳이라 생각했습니다. 6월의 아를은 들판에 잘 익은 밀들이 황금빛으로 불타고 있었고 해 질 녘의 태양은 노랗게 보였습니다.

고흐가 아를에서 지낸 〈노란 집〉입니다. 초록색 창문이 달린 곳이 고흐가 살던 곳입니다. 옆 건물은 카페인데요. 그곳을 향해 걸어가고 있는 남자가 고흐 본인이라고 합니다. 고흐는 "마을은 보랏빛, 태양은 노란색, 하늘은 청록색"이라고 표현했습니다.

고흐는 이곳에서 화가들과의 공동작업을 꿈꿨습니다. 여러 화가에게 제안을 했는데요. 처음 그 제안을 받아들인 화가는 폴 고갱(Paul Gauguin)이었습니다. 안타깝게도 마지막이기도 했죠.

The Yellow House
노란 집
빈센트 반 고흐
1888

고흐는 고갱이 온다는 소식에 그저 행복했습니다. 고갱이 혹시 누추한 집을 보고 실망해서 금방 돌아갈까 걱정이 되었습니다. 그래서 그가 도착하기 전에 그의 방을 멋지게 꾸미고 싶었습니다. 없는 돈을 털어서 좋은 침대와 가구를 들이고 열두 점의 해바라기로 장식하기로 결심하죠. 결국 네 점만이 완성되었지만, 훗날 고흐를 대표하는 작품이 되었습니다. 그중 한 점이 고흐의 이야기를 시작할 때 봤던

〈열다섯 송이의 해바라기〉입니다. 나를 알아주는 친구는 태양이기도 하며 해바라기이기도 하다는 뜻이었던 듯합니다.

강렬한 태양의 색을 닮은 해바라기. 그런데 이 〈열다섯 송이 해바라기〉는 총 세 점입니다. 비슷한 듯 묘하게 다른 작품을 두 점 더 그렸습니다. 고흐는 이를 '레페티시옹(répétition)', 즉 반복이라고 불렀습니다.

이 작품의 밝은색을 보면 당시의 희망이 느껴집니다. 당시 고흐의 글을 잠시 살펴보겠습니다.

> 나는 세 개의 해바라기를 그리고 있어. (……) 고갱이 나와 함께 지낼 것을 생각하니, 작업실을 장식하고 싶어졌거든. 오직 커다란 해바라기로만. (……) 이 계획을 실행에 옮기려면 열두 점의 그림이 있어야 될 것 같아. 그림들을 모두 모아놓으면 파란색과 노란색의 조화를 이룰 거야.

고갱과 함께 예술가 공동체를 만들 희망에 부푼 그 마음이 파리에서 그려진 해바라기와 비교해보면 더 생생하게 느껴집니다.

노란색보다 파란색이 더 강렬한 〈네 송이 해바라기〉의 느낌은 조금 다릅니다. 파리에서 그린 해바라기에는 아무래도 슬픔이 담겨 있습니다. 화병이 아닌 바닥에 줄기가 잘린 채 놓여 있는 모습은 마치 버려진 것 같기도 합니다. 당시 그림 실력은 발전했지만 여전히 팔리지 않는 그림에 초조한 마음을 담았습니다. 고흐의 해바라기는 자신이기도 했습니다.

Still Life with Four Sunflowers
네 송이 해바라기
빈센트 반 고흐
1887

1888년 10월 23일 마침내 고갱이 이곳에 도착합니다. 그를 만나자 예술가 공동체를 만들겠다는 꿈이 이루어질 것만 같았죠. 고흐는 고갱을 위해 그의 방을 해바라기로 장식했지만 고갱은 오히려 고흐의 그림을 무시하는 마음이 컸습니다. 사실 고갱은 화상이었던 고흐의 동생 테오에게 생활비와 작품 구입을 약속받고 온 것이었죠.

초기 둘의 사이는 괜찮은 듯 보였습니다. 날이 좋으면 함께 나가서 그림을 그렸고 흐린 날엔 방 안에서 같은 주제를 놓고 그림을 그

The Sower (Sower with Setting Sun)
씨 뿌리는 사람
빈센트 반 고흐
1888

리며 영향을 주고받았죠. 이 시기 고흐는 또 하나의 대작을 탄생시킵니다. 밀레를 존경한 고흐가 그렸던, 과거 〈씨 뿌리는 사람〉의 새로운 버전이었습니다.

굉장히 강렬한 그림입니다. 에너지가 넘치는 밝은 태양이 하늘을 노랗게 물들입니다. 붓 터치 때문에 마치 지금도 태양이 이글거리는 것 같습니다. 고흐는 사진 같은 그림이 아닌 살아 움직이는 그림을 그리고 싶었습니다. 그 바람을 이룬 듯 보입니다. 고흐가 자신의 우상인 밀레의 영향에서 벗어나 자신만의 독자적인 예술을 탄생시켰음을 보여주는 작품입니다. 이 작품은 고갱이 아를에 도착하고 첫날 그리기 시작했다고 합니다. 어쩌면 그림 속 씨 뿌리는 사람은 고흐 본인이 아닐까요. 새로운 시작에 대한 기대와 희망이 느껴집니다.

하지만 잘 알려져 있다시피 이 두 예술가는 함께 지내기에는 개성이 너무 강했습니다. 얼마 지나지 않아서 금세 삐걱거리게 되죠. 예술관의 차이로 갈등이 조금씩 생기던 와중에 둘 사이가 완전히 갈라지는 사건이 발생합니다. 이 둘은 노란 집에서 가까운 카페에 자주 갔는데, 그들은 이곳을 '밤의 카페'라고 불렀습니다. 아를역 근처에 있어서 다양한 사람들이 모이는 곳이었죠.

사실 고흐의 건강을 해치게 만든 유명한 술 압생트는 이곳에서 본격적으로 입에 대기 시작한 것입니다. '녹색 요정'이라 불리는 중독성이 강한 70도가 넘는 그 술을 고흐는 이곳에서 매일 마시다시피 했습니다. 하지만 고흐에게 이곳은 그저 술을 마시는 곳이 아니라 세상과 인생을 논하는 위로의 공간이었습니다.

고흐는 아를에 올 때 이곳의 주인인 '지누 부인'에게 짐을 맡겼고 이를 계기로 친해졌습니다. 어느 날 지누 부인의 초상화를 고갱과 동시에 그렸습니다. 하지만 이 둘의 시선은 너무 달랐죠. 같은 모델이지만 다른 느낌의 작품으로 인해 서로를 비난하는 일이 벌어지고 맙니다.

두 그림의 분위기 차이가 느껴지시나요? 먼저 고흐가 그린 지누

L'Arlesienne, Portrait of Madame Ginoux
아를의 여인, 지누 부인의 초상
빈센트 반 고흐
1888

Night Cafe in Arles (Madame Ginoux)
밤의 카페, 아를
폴 고갱
1888

부인을 볼까요. 고흐는 노란 배경 앞에서 테이블에 앉아 책을 읽는 그녀의 모습을 그렸습니다. 고흐 인물화 특유의 분위기가 느껴집니다. 노란 배경 때문에 인물이 더욱 선명하게 부각되고 신비로운 분위기가 풍기지요. 책을 읽고 있는 그녀의 모습은 우아하고 고상합니다. 자 그럼, 고갱이 그린 지누 부인을 살펴보겠습니다.

화면 앞쪽에 턱을 괸 채 묘한 웃음을 짓는 여인이 지누 부인입니다. 알아차리셨나요? 고흐의 작품과는 다르게 앞에는 술병이 놓여 있습니다. 이 그림을 본 고흐는 "지누 부인을 천박하게 그렸다"며 화를 냈고, 고갱은 고흐가 "술집 여자를 고상한 척 그렸다"라고 분노했습니다. 사실 고흐가 화난 점은 또 있는데요. 뒤쪽 테이블에 답이 있습니다.

수염이 길게 자란 남성이 세 명의 여성과 이야기를 나누고 있지요. 저 남자는 고흐와 친했던 우체부 '조셉 룰랭'입니다. 아를로 이주한 고흐는 테오에게 편지를 부치러 룰랭의 우체국을 자주 찾았고 둘은 친해져 서로의 집에 초대하는 사이가 되었습니다. 당시 모델을 쓸 돈이 없던 고흐에게 룰랭 가족은 모델이 되어주기도 했고요. 고흐의 그림을 보면 그가 룰랭을 어떻게 생각했는지 더 잘 알 수 있습니다.

〈우체부 조셉 룰랭의 초상〉입니다. 색채 조합이 정말 예쁜 작품입니다. 온화하고 따뜻한 색채가 가장 큰 특징인데요. 말하지 않아도 마음이 느껴지지 않나요? 고흐는 룰랭 가족의 초상화를 약 20여 점을 그렸고 룰랭 단독 초상화만 여섯 점이나 그렸을 정도로 그를 좋아했습니다. 그의 친절함과 지혜에 감동했고 정신적으로 의지하기도 했습니다. 테오에게 보낸 편지에 그 마음이 엿보입니다.

Portrait of the Postman Joseph Roulin
우체부 조셉 룰랭의 초상
빈센트 반 고흐
1889

그는 마치 노병이 젊은 병사에게 그러하듯 진중한 마음과 다정함으로 나를 대해준단다.

하지만 고갱의 그림 속 그의 모습을 다시 볼까요. 고갱은 룰랭을 늦은 시간 매춘부들과 수다나 떠는 인물로 그렸습니다. 두 사람의 감정은 극에 달했고 결국 고갱이 그린 그림 한 점으로 두 사람은 돌아올 수 없는 강을 건너버립니다. 바로 〈해바라기를 그리는 반 고흐〉입니다.

Van Gogh Painting Sunflowers
해바라기를 그리는 반 고흐
폴 고갱
1888

여러분은 그림 속 고흐의 모습이 어떻게 느껴지나요. 먼저 그림을 그리고 있는 고흐의 눈이 거의 감겨 있습니다. 취해 있는 것처럼 보이기도 합니다. 해바라기는 어떤가요. 시들고 잎이 다 떨어진 흉측한 모습입니다. 붓을 보세요. 얼마나 얇은지 마치 실 같습니다. 고흐는 이 작품을 보고 이렇게 말했다고 합니다.

이건 분명히 나다. 그런데 미쳐 있는 나인 것 같다.

고흐는 자신을 미치광이로 표현한 것에 분노해서 들고 있던 압생트 잔을 고갱에게 던졌습니다. 그리고 그 유명한 고흐가 귀를 자르는 자해 사건이 발생하고 맙니다.

그날 밤 둘은 격렬하게 싸웠고, 신경이 극도로 날카로워진 고흐가 자신의 귀를 면도칼로 잘라내는 자해를 하며 공동생활은 두 달 만에 마침표를 찍습니다. 고갱은 다음 날 아침 피투성이가 된 고흐를 발견하고 동생 테오에게 연락한 뒤 아를을 떠났습니다.

그런데 이 부분에 대해서는 의견이 분분합니다. 고갱이 고흐의 귀를 잘랐다는 이야기가 계속 회자되고 있습니다. 고흐가 자해를 했다는 것은 전적으로 고갱의 증언이었기 때문입니다. 아이러니하게도 고흐는 이 사건에 대해서 직접 언급한 적이 없습니다. 이 사건의 진실을 더 파헤치다 보면 더 흥미로운 이야기들을 만날 수 있을 것입니다.

+ 결국 이루어지지 않은 애달픈 것들

고흐는 이후 아를의 요양병원에 입원합니다. 그곳의 모습도 그림으로 남겼습니다.

고흐가 귀를 자른 뒤 잠시 치료를 받은 병원의 풍경입니다. 그런데 정신이 이상했다고 하기에는 그림이 너무 차분합니다. 알려진 것과 다르게 고흐의 지인들은 그를 정신병 환자로 보지 않았다고 합니다. 주치의도 고흐의 흥분 상태를 일시적인 것으로 진단했고, 2주 후에 고흐는 노란 집으로 돌아왔습니다. 그리고 그 유명한 〈귀에 붕대를 감은 자화상〉을 그립니다.

뒤쪽 벽에는 자신이 좋아하던 일본 판화가 걸려 있습니다. 옆에는 이젤이 세워져 있네요. 붕대를 감은 고흐의 눈동자에 공허함과 쓸쓸함이 느껴집니다. 고흐는 다시 노란 집에서 그림을 그리지만, 마을

The Courtyard of the Hospital in Arles
아를의 시립 요양병원
빈센트 반 고흐
1889

Self Portrait with Bandaged Ear
귀에 붕대를 감은 자화상
빈센트 반 고흐
1889

사람들은 그에게 적대감을 드러냈고 그를 정신병자라며 조롱했습니다. 사실 19세기의 사람들은 정신병을 단순한 질병으로 여기지 않았습니다. 구제불능의 저주받은 사람이나 마귀가 들렸다는 시선으로 바라보았죠.

사람들은 자신들이 이해하지 못하는 것을 두려워하고 천대합니다. 고흐는 이 멸시의 시선이 너무 힘들었고 마음이 아팠습니다. 그리고 또다시 발작을 일으키고 맙니다. 결국 주민들의 탄원으로 노란 집은 경찰에 의해 폐쇄됐습니다. 자신과 가까웠던 사람들이 탄원서에 서명한 것을 알고 고흐는 절망했습니다.

또 한 점의 붕대를 감은 자화상입니다. 파이프 담배를 물고 뭔가 생각에 잠긴 것 같은데요. 배경은 두 가지 색으로 칠했습니다. 붉은 배경에도 불구하고 고통보다는 평온함이 느껴집니다. 독특한 작품

Self-portrait with bandaged ear
파이프를 물고
귀에 붕대를 한 자화상
빈센트 반 고흐
1889

이죠.

고흐는 생레미의 정신요양원에 제 발로 찾아갑니다. 그림만큼은 자유롭게 그리게 해달라는 조건이었습니다. 사람들한테 마음이 상하는 것보다 이곳이 마음이 편했던 것입니다. 열악한 환경 속에서 그는 그리고 또 그렸습니다. 그곳에서 밤하늘을 바라보며 고흐는 명작을 탄생시키는데요. 그 작품이 바로 〈별이 빛나는 밤〉이었습니다.

조금은 쓸쓸하고 우울합니다. 앞에는 높이 솟은 사이프러스 나무가 있고 노란 달빛은 신비로운 밤 풍경을 만들어냅니다.

The Starry Night
별이 빛나는 밤
빈센트 반 고흐
1889

잠 못 이루던 밤이었나 봅니다. 요양원 창 너머 밤하늘을 바라보며 무슨 생각을 했을까요. 고흐는 눈앞에 보였을 창살을 지우고 아를과 고향의 풍경을 그렸습니다. 앞에는 사이프러스 나무를 채워 넣었죠. 고흐는 편지에 이런 글을 썼습니다.

> 별이 비치는 모습은 나에게 항상 꿈을 꿀 수 있도록 해줘. (……) 저 별에 가기 위해서는 죽어야 하겠지. 확실한 것은 우리가 살아 있는 동안에는 별에 가지 못한다는 사실이야.

고흐의 솔직한 속내가 참 묵직하게 다가왔습니다. 고흐에게 밤하늘의 별은 고통스런 삶 속에서도 꿈을 꿀 수 있도록 해주었습니다. 혹시 여러분은 잠이 오지 않는 밤, 저 위 하늘을 올려다본 적이 있나요. 저는 가끔 새벽에 일을 하다 지치면 멍하니 하늘을 올려다봅니다. 이상하게도 금세 마음이 편해지거든요.

이전에도 고흐는 밤하늘을 그린 적이 있습니다. 아를의 론 강가에서였죠. 그는 아를에 도착했을 때부터 이곳의 아름다운 밤하늘을 그리고 싶었습니다. 파리의 복잡한 도시를 벗어나 아를에서 바라본 밤은 낭만 그 자체였으니까요.

〈론 강의 별이 빛나는 밤〉입니다. 가을밤, 청록색 밤하늘에 북두칠성이 떠 있고 강가에는 노란 가스등 불빛이 비칩니다. 고흐는 북두칠성을 그려 넣을 정도로 밤하늘을 매우 자세하게 관찰했습니다. 그 앞에는 낭만을 즐기는 연인이 걸어가고 있는데요. 누구나 꿈꾸는 로맨스의 한 장면 아닐까요.

Starry Night Over the Rhone
론 강의 별이 빛나는 밤
빈센트 반 고흐
1888

모자를 쓴 사람은 고흐로 짐작됩니다. 옆의 여인은 고흐가 꿈꾸던 사랑이었을 겁니다. 결국 이루어지지 않았지만 소망이 담겨 있는 작품입니다.

고흐는 죽기 얼마 전 정신과 의사이자 화가였던 가셰 박사에게

Red Poppies and Daisies
데이지와 양귀비 꽃병
빈센트 반 고흐
1889

치료와 함께 예술적 격려를 많이 받았습니다. 돈을 구할 수 없었던 고흐는 진료비와 약값 대신 그림을 주었습니다. 〈데이지와 양귀비 꽃병〉이 그 그림입니다. 마주한 순간부터 붉은색이 강렬하게 다가옵니다. 다른 색의 꽃들은 양귀비의 배경이 되고 말지요. 이 작품에 얽힌 사연 덕분일까요. 2014년 뉴욕 소더비 경매에서 이 작품은 약 670억 원에 낙찰되며 더욱 유명해졌습니다.

+ 사람은 다만 혼자서 죽는다

고흐는 테오에게 생레미의 정신요양원을 떠나고 싶다고 말합니다. 테오는 농촌인 오베르 쉬르 우아즈로 거주지를 옮길 것을 제안하죠. 인상주의 화가 카미유 피사로와 폴 세잔이 머물고 있었고, 의사인 가셰 박사도 있었기에 형을 보호하기에 좋을 것이라 생각했습니다.

그렇게 고흐는 1890년 5월 20일 생의 마지막을 보내게 되는 오베르 쉬르 우아즈에 도착합니다. 이곳에서 69일 동안 영혼을 불사르며 몇 점의 그림을 완성하는데요. 그때를 대표하는 작품은 〈까마귀 나는 밀밭〉이 아닐까 싶습니다.

밀밭에 강한 바람이 몰아칩니다. 고흐 특유의 붓 터치로 마치 지금도 바람이 불고 있는 것 같습니다. 어두운 색조의 하늘로 까마귀 떼가 무리 지어 날아옵니다. 고흐에게 날아오는 걸까요. 그 밑에는 세 갈래의 길이 보입니다. 하지만 길들이 뚝 끊어져 있습니다. 캔버스 앞에서 길을 잃은 고흐의 영혼이 느껴집니다. 당시 테오에게 보낸 편지에도 "극도의 슬픔과 고독을 표현하고자 했다"라고 쓰고 있습니다. 마치 마지막을 암시하는 듯합니다. 그래서일까요. 이 시기 그려진 작품들 중에서도 마지막 작품으로 알려져 있습니다.

1890년 7월 27일, 고흐는 간단히 식사를 하고 여느 때처럼 그림 도구를 챙겨 집을 나섰습니다. 그리고 그림 속 밀밭에서 총으로 자신의 가슴을 쐈고 이틀 후 동생 테오가 지켜보는 가운데 숨을 거둡니다.

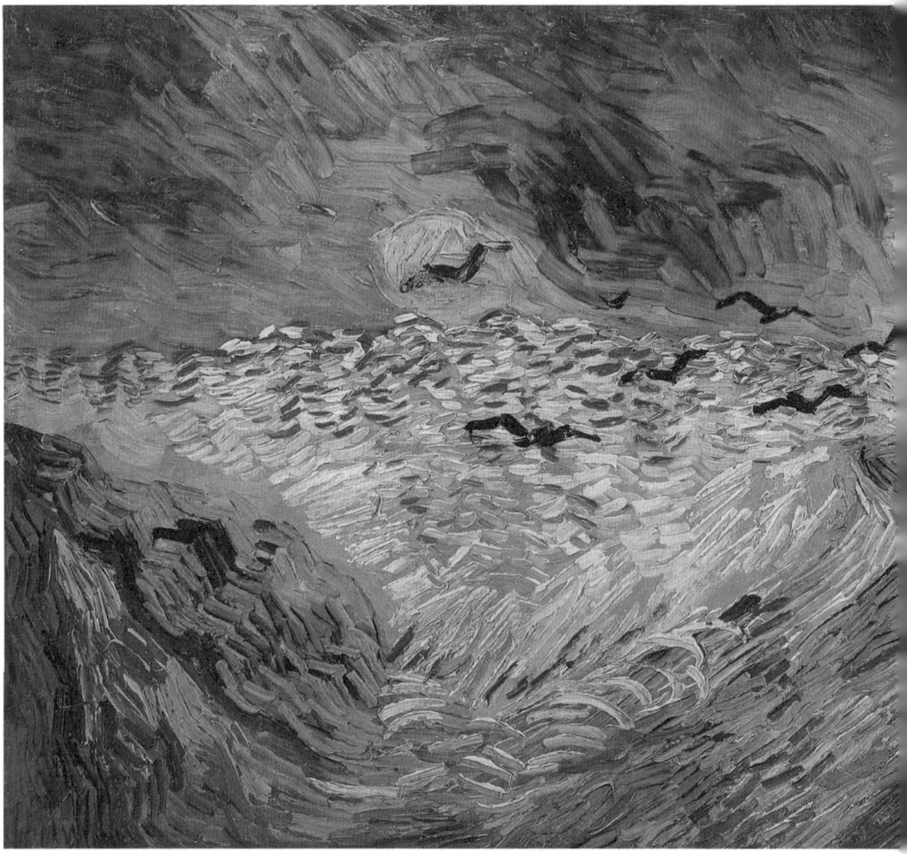

고흐의 죽음에 대해서 타살이라는 의견도 꾸준히 제기되고 있습니다. 누구의 총에 맞았건 집으로 돌아온 고흐는 자신의 죽음을 예견한 듯 담담하게 그 마지막 순간을 받아들였다는 것입니다. 이 무렵 조카의 탄생, 테오의 경제적 어려움이 겹쳐지며 평생 도움을 주었던 동생에 대한 미안함에 가슴이 사무쳤습니다. 아마 총에 맞는 순간 이것

Wheatfield with Crows
까마귀 나는 밀밭
빈센트 반 고흐
1890

이 나의 운명이라고 생각하지 않았을까요. 테오를 보니 고흐는 눈물이 솟아올랐습니다. 어쩔 줄 몰라 하는 테오의 가슴에 얼굴을 묻고 고흐는 마지막 말을 남겼습니다.

테오야, 이렇게 죽고 싶었다.

제게 고흐는 '죽음'으로 '삶'을 가르쳐준 철학자이자 구도자이기도 합니다. "사람들에게 죽는 법을 가르치는 자는 그들에게 사는 법을 가르치는 것"이라던 몽테뉴의 말도 그에게서 실감했습니다.

고흐가 세상을 떠나고 그림과 함께 테오와 주고받은 수백 통의 편지가 공개됩니다. 한 점의 그림, 한 편의 편지마다 고흐의 힘겨웠던 삶, 인정받지 못한 예술, 순수한 마음이 찬란하고 치열하게 남아 있었습니다. 그의 작품 앞에 서면 그를 알아주지 못해 미안할 수밖에 없고, 그 순수한 열정을 사랑하지 않을 수 없습니다.

+ 후회하지 않는 삶을 위하여

살아 있는 동안 고흐는 자신의 영혼을 바칠 일을 찾아 헤맸습니다. 늦깎이 화가는 그림에 인생을 걸었죠. 물론 그 길이 꽃길은 아니었지만 우리에게 위로를 주는 아름다운 작품을 수없이 남겼습니다.

그의 짧은 생을 되짚어보며 생각했습니다. 고흐는 눈을 감는 순간, 자신의 인생을 후회하진 않았을 것이라고요. 37년이라는 짧은 인생 속 가난은 그림자처럼 따라왔지만 그릴 때만큼은 모든 것을 잊고 행복했고 밤 하늘의 별이 주는 위로를 느낄 줄 아는 사람이었습니다. 이 세상에 영혼까지 바칠 정도로 사랑하는 일을 하며 사는 사람이 몇이나 될까요. 문득 그의 순수한 열정이 부러워집니다.

내가 행복한 일, 열정을 쏟는 일을 찾는 것 또한 인생의 목표입니다. 왜 살아야 하는지에 대한 답이기도 하죠. 사랑도 일도 모든 것을 쏟아본 사람은 결과를 떠나 후회하지 않는다고 합니다. 그래서 마지막 순간을 고흐도 담담히 맞이할 수 있었던 것은 아닐까요. 그의 삶은 비극적 결말이 아니었습니다. 고흐는 결국 그토록 닿고 싶었던 밤하늘의 별에 닿았을 것입니다.

고흐의 삶은 예술가란 먹고사는 문제를 고민하느라 정작 중요한 문제에는 소홀한 사람들에게 '인생이란 무엇인가?'를 질문하는 존재라는 사실을 상기시킵니다. 고흐는 여전히 우리에게 묻는 듯합니다.

당신은 생의 마지막 순간 후회하지 않을 삶을 살고 있나요?

제2화 에두아르 마네

용감하게
그리고
담담하게

Vincent van Gogh
Edouard Manet
Pierre Bonnard
Edgar De Gas
Paul Cézanne
Henri Rousseau
Suzanne Valadon
William Turner
Wassily Kandinsky
Auguste Renoir
Edvard Munch
André Brasilier

Edouard Manet

–

1832~1883

"누드를

그려야

할 것 같아."

19세기 그림 중 사람들에게 가장 많은 욕을 먹은 작품이 있습니다. 위선을 발가벗긴 그림입니다. 고정관념에 과감하게 도전한 작품이지요. 여러 사람들을 불편하게 만들었지만, 젊은 예술가들의 눈을 번쩍 뜨이게 했습니다. 뜨겁고 냉철한 작품입니다. 아마 이 작품을 그린 이의 심장은 뜨거웠을 것입니다. 그 붓끝은 날카로웠을 것입니다.

여러분도 한번 함께 생각해보세요. 선뜻 떠오르는 작품이 있나요? 정확한 통계가 있는 것은 아니지만 미술사에서 항상 논란의 중심에 서는 작품이 있습니다. 바로 〈풀밭 위 점심 식사〉입니다.

제목 그대로 풀밭에서 사람들이 피크닉을 즐기고 있습니다. 이 작품은 공개된 당시에 어마어마한 비난을 들었습니다. 딱 봤을 때 말끔한 정장 차림의 두 남자 사이에 벌거벗은 여성이 정면을 응시하며 앉아 있습니다. 평범한 장면은 아니지만, 그렇다고 그렇게까지 욕을 먹을 그림인지 현재 우리의 생각으로는 쉽게 납득이 되지 않습니다.

이 논란의 그림은 에두아르 마네(Edouard Manet)의 작품입니다. '인상파의 아버지'로 널리 알려져 있지요. 그런데 정확하게 말하면, 마네는 인상파 화가는 아니었습니다. 당시 인상파 전시회는 총 여덟

The Luncheon on the Grass
풀밭 위 점심 식사
에두아르 마네
1862~1863

번이 열렸는데, 그 전시에 마네는 한 차례도 참여한 적이 없습니다. 그렇다면 '인상파의 아버지'란 수식어는 어떻게 붙었을까요? 당시 마네의 작품들이 젊은 화가들로 하여금 과거에 얽매이지 않고 자유롭게 그림을 그릴 수 있도록 영감을 주었기 때문입니다.

잠깐 마네의 다른 그림을 하나 살펴보겠습니다. 그림 속 남자는 마네의 둘도 없는 친구 모네입니다. 그림의 제목은 〈보트 스튜디오에서 그림 그리는 클로드 모네〉입니다. 제목 그대로 모네가 보트 위에서 둥둥 떠다니면서 그림을 그리고 있습니다. 재미있어 보이기도 하고 평화로워 보이기도 합니다. 당시 모네의 작업 방식을 볼 수 있는 그림이죠. 모네는 빠르게 변화하는 자연의 인상을 포착해서 캔버스에 담았습니다. 그래서 '인상파의 거장'으로 불리지요. 인상파의 아버지가 그린 인상파의 거장이라니, 흥미롭습니다.

Monet in his Studio Boat
보트 스튜디오에서
그림 그리는 클로드 모네
에두아르 마네
1874

+ 꿈을 향해
나의 길을 가다

19세기에 가장 많은 욕을 먹은 그림이 어떻게 젊은 화가들에겐 가장 강력한 영감을 주었을까요? 미술사의 물줄기를 완전히 다른 방향으로 돌려놓은 마네의 생애와 작품을 본격적으로 살펴보도록 하겠습니다.

마네가 그린 자기 자신의 모습입니다. 중년이 다 된 무렵의 모습이죠. 왼손에 붓을 들고 있는 것이 먼저 눈에 들어옵니다. 조금 수척해 보이지만 눈빛에서 예술에 대한 단호함이 느껴집니다. 정장을 차려입은 모습에서 기품과 함께 부유함도 느껴집니다. 실제로 마네는 수많은 가난한 화가들과 달리 굉장히 부유했습니다.

마을의 지주였던 할아버지와 아버지는 모두 법대를 졸업했습니다. 아버지는 판사의 지위까지 올랐던 분이었죠. 화가에게 집안이 부유하다는 것, 이는 즉 작품을 팔아서 생계를 유지할 필요가 없다는 것을 의미했습니다. 대중의 요구에 맞춰 그림을 그릴 필요가 없다는 것이죠. 마네에겐 자신이 그리고 싶은 것을 자유롭게 그릴 수 있는 환경

Self Portrait with a Palette
팔레트를 든 자화상
에두아르 마네
1879

이 허락되었습니다.

1860년 작품 〈오귀스트 마네 부부의 초상〉 속 마네의 부모님부터 만나보겠습니다. 낙담한 것 같기도 하고, 근엄한 표정을 짓고 있는 것 같기도 합니다. 부모님을 그린 작품이라기엔 사랑이 느껴지지 않습니다. 불편한 느낌마저 듭니다. 실제로 이 작품은 "마치 두 명의 수위 같다"는 혹평과 함께 폄훼되기도 했습니다. 투박하면서도 지나치게 사실적이었기 때문에 당시 관람객들은 상당히 당황했다고 합니다.

법관이었던 아버지와 마네는 그림의 분위기처럼 실제로 사이가

Portrait of Monsieur and Madame Auguste Manet
오귀스트 마네
부부의 초상
에두아르 마네
1860

썩 좋지 않았습니다. 아버지는 아들이 가업을 이어 법대에 진학하길 바랐습니다. 하지만 마네는 공부에 흥미를 느끼지 못했습니다. 학창 시절부터 드로잉과 체육에 재능을 보였습니다. 잠시 해군의 꿈도 꾸었지만 시험에 낙방한 후부터 그림에만 더 열중했습니다.

결국 부모님도 생각을 바꿀 수밖에 없었습니다. 마네는 본격적으로 그림을 공부하기 시작했습니다. 고전과 전통을 고수하는 화가에게 6년간 배우며 기초를 쌓았습니다. 루브르 박물관을 수시로 드나들며 거장들의 그림을 보고 공부합니다.

+ 선풍적인 인기를 모은 낙선전

시간이 흐를수록 그림의 주제는 전통적인 것과는 멀어집니다. 화풍은 전통을 따르더라도 주제만큼은 신화, 역사, 종교 같은 틀에 박힌 주제가 아니었습니다. 마네는 현대적이고 싶었습니다. 현재를 살아가는 사람들의 삶을 그리고 싶었죠.

어느 날 마네는 강가에서 일광욕을 하는 여인들을 보다가 갑자기 '나도 누드를 그려야 할 것 같아. 음, 내가 누드를 보여주겠어!'라고 결심했다고 합니다. 별것 아닌 것 같나요. 의외로 현재 거장이라 불리는, 미술사의 한 부분을 차지하고 있는 예술가들에게 '빅 픽처'는 없었습니다. 이런 작은 생각으로 시작되어 신념이 되고 흘러흘러 자연스럽게 만들어진 경우가 많습니다. 마네의 이 생각은 과거를 보던 눈을 현재로 돌리게 만드는 순간이었습니다. 마네가 1863년에 그린 두 작품은 미술사에 큰 획을 그으며 흔히 모더니즘을 열었다고 평가받습니다. 그중 한 작품이 바로 시작할 때 언급한 〈풀밭 위 점심 식사〉입니다.

스페인식 의상을 입은 두 중년의 신사와 나체의 여인이 풀밭에서 점심 식사를 하며 한가로이 시간을 보내고 있습니다. 등장인물은 모두 마네의 동생과 지인, 아끼던 모델이었습니다.

이 구도는 옛 거장들의 작품에서 영감을 받아 가져온 것인데요. 바로 16세기 이탈리아의 화가 티치아노 베첼리오의 〈전원 음악회〉와 이탈리아 판화가 마르칸토니오 라이몬디의 〈파리스의 심판〉이었습니다.

〈전원 음악회〉는 제목처럼 평화로운 전원의 풍경 속에서 남녀가 함께 음악을 즐기고 있습니다. 이런 주제는 신화나 전설에서 가져온 것이 많습니다. 실제로 티치아노는 야코포 산나자로(Jacopo

Concert Champetre
전원 음악회
티치아노 베첼리오
1508~1509

the Judgement of Paris
파리스의 심판
마르칸토니오 라이몬디
1515 또는 1516

Sannazaro)의 시 〈아르카디아〉에서 영감을 얻었다고 합니다. 그림 속 인물들의 구도가 한눈에 봐도 비슷합니다.

〈파리스의 심판〉에서는 우측 하단을 보겠습니다. 여기서도 마네의 그림과 같은 자세의 인물들이 등장합니다. 특히 정면을 보는 여성 누드는 이 작품에서 그대로 가져왔습니다. 이처럼 마네는 과거 거장들의 그림을 분석해서 현대적으로 해석했습니다. 한 가지 큰 차이가 있다면 이 작품들 속 누드의 여성들은 모두 신화 속에 등장하는 인물이었죠. 하지만 마네의 그림 속 인물은 현실의 인물이었습니다.

다시 〈풀밭 위 점심 식사〉를 살펴보겠습니다. 피크닉 장소에 비너스도 아닌 실제 살아 있는 여인이 누드로 앉아 있다니요. 당시 관람객은 경악했습니다. 또한 고전적인 주제도 아닙니다. 8등신의 아름다운 여신도 아닙니다. 평범한 모습의 여인입니다. 게다가 누드의 여인이 관람객을 빤히 쳐다봅니다. 이것이 바로 평론가들을 화나게 했던

당시 국전에 전시된 작품들

것입니다.

심지어 뒤쪽에 목욕하는 여인은 원근법이 조금 이상합니다. 오른편에 있는 작은 배에 비해서 너무 크게 그려졌습니다. 아마도 여성이 타면 배가 바로 가라앉을 것 같습니다. 마네는 이 작품을 당시 권위 있는 전시회인 '국전'에 출품했지만, 당연히 떨어졌습니다.

당시 국전에 걸린 작품을 볼까요. 이곳의 심사위원들이 얼마나 전통을 고집했는지 잘 알 수 있습니다. 전위적인 그림은 원치 않았죠. 주제도 신화, 종교, 역사 순으로 정해져 있었습니다. 요즘말로 흔히 '고인 물'이었습니다. 전통을 존중하는 것은 바람직한 일입니다. 하지만 그것이 하나의 고정관념이 되어 창작의 열의와 재능을 질식시켜

서는 곤란합니다. 그래서 젊은 예술가들은 심사 기준이 늘 불만이었습니다. 1850년대부터는 아예 국전에 출품하지 않는 예술가도 급격히 늘어났습니다.

예술가들의 불만이 커지자 나폴레옹 3세는 그들의 불만을 받아들여 국전에서 떨어진 작품을 소개할 수 있는 '낙선전'을 개최합니다. 이 전시에는 무려 7,000명이 넘는 관람객이 방문했습니다. 마네의 이 작품도 이 낙선전을 통해 소개되었고요.

하지만 이 그림은 앞서 설명한 이유로 어마어마한 힐난을 받게 되죠. 심지어 황제는 "뻔뻔스러운 그림!"이라며 비난했습니다. 그런데 이것이 마치 오늘날 노이즈 마케팅 같은 효과를 발휘하게 됩니다. 사람들은 궁금증을 참을 수 없었죠. 전시장 밖에 긴 줄이 늘어섰습니다.

+ 왜 논란과 비난의 대상이 되었을까?

마네는 마치 보란 듯이 더 충격적인 그림을 내놓습니다. 바로 그 유명한 〈올랭피아〉입니다. 〈풀밭 위 점심 식사〉를 그린 지 몇 달 만에 스스로 인정한 대작 〈올랭피아〉를 그렸습니다. 이 작품 또한 과거 명작에서 구도를 빌려왔죠.

누드의 정석 같은 작품입니다. 마네는 옛 거장의 작품인 티치아노의 〈우르비노의 비너스〉와 앵그르의 〈그랑드 오달리스크〉를 보며 받은 영감을 또 현대적으로 재해석했습니다. 하지만 그 밖에 모든 것

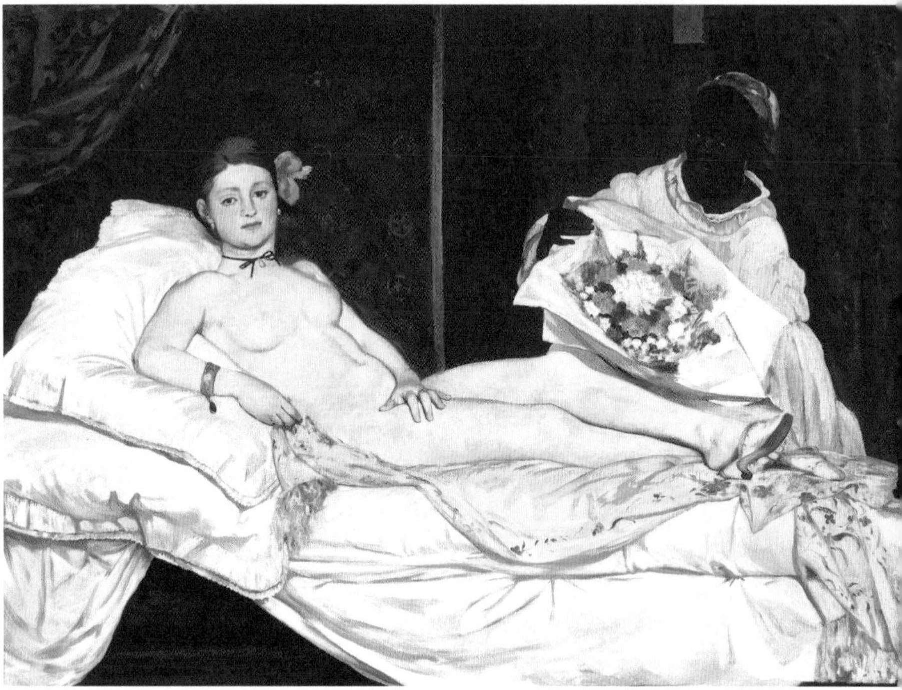

Olympia
올랭피아
에두아르 마네
1863

이 달랐습니다. 이 작품들을 보다가 마네의 그림을 보면 깊이감이 없이 평평해 보이고 뭔가 어색함이 느껴질 겁니다.

사실 알고 보면 제목부터 충격입니다. 올랭피아는 당시 성매매 여성들이 흔히 썼던 이름이었습니다. 그리고 마네는 올랭피아가 성매매 여성이라는 점을 보란 듯이 노골적으로 드러내버립니다.

발끝에 있는 검은 고양이를 보면 꼬리를 세우고 있는데요. 이는

Venus of Urbino
우르비노의 비너스
티치아노 베첼리오
1538

The Grande Odalisque
그랑드 오달리스크
장 오귀스트 도미니크 앵그르
1814

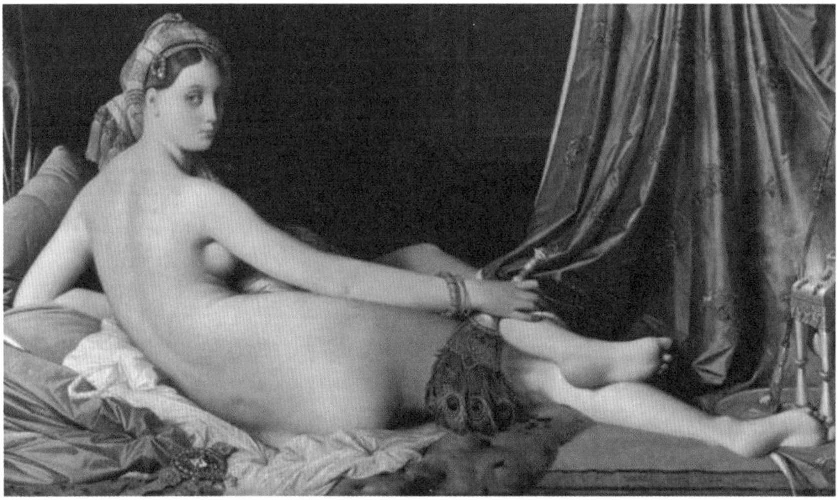

당시 발정기를 나타내는 성적인 표현이었습니다. 여성의 목을 볼까요. 벨벳 목걸이 또한 성매매 여성의 표시였습니다. 그녀가 바라보는 곳에는 아마 꽃다발을 가져온 남성이 있을 것이라 추측됩니다. 비너스 대신 벌거벗은 성매매 여성이라니요! 엄청난 충격이었습니다. 검은 배경 앞에 그려진 검은 피부의 하녀와의 색채 대비도 당시 사람들을 불편하게 했습니다.

자세히 보면 명암을 표현하지 않아서 그림이 평면적이라는 것을 더 확실히 알 수 있습니다. 사람들은 "색의 조합이 매우 추하고 못 그렸다", "왜 저런 여성을 그림에 등장시켰냐" 등 비난을 일삼았습니다.

사실 마네의 그림은 시대의 현실을 적나라하게 드러내고 있었습니다. 당시 앞에선 신사인 척 뒤에서는 성매매를 일삼는 사람들이 참 많았습니다. 인간이 신과 같은 존재도 아니지만, 짐승과 같은 존재도 아닐 텐데요. 그들에게 뜨끔한, 즉 불편한 그림이었던 것이죠. 고상한 갤러리에서 고전을 감상한다는 명목으로 누드화를 즐기던 관람객들에게 이 노골적인 그림은 민망한 충격이었던 셈입니다.

마네는 대중의 혹독한 비난 앞에 서야 했지만 자신의 예술에 관한 신념을 꿋꿋하게 지켰습니다. 생전 마네는 자신이 본 대로 그리겠다고 힘주어 말하기도 했습니다. B. S. 라즈니쉬가 『마음으로 가는 길』에서 말했듯이, 전통은 쉬지 않고 모아들고, 전통은 눈덩이처럼 자꾸만 무거워지고 자꾸만 커지고, 죽었으면서도 여전히 무게를 불립니다. 그리고 마침내 전통은 어마어마하게 커진 다음에는 정신을 죽입니다.

저는 마네야말로 전통이 무엇인지를 정확히 간파한 예술가라고 생각합니다. 그는 치열하게 전통을 공부하고, 부수고, 만들었습니다. 로댕이 후학들에게 전한 예술가의 태도처럼 그는 전통에 깃든 영원한 진리에 몰두했던 것입니다.

> 앞선 예술을 모방하지 않도록 주의하라. 전통을 존중한다는 것은 전통이 함축하고 있는 영원한 진리를 배우는 것이다. 전통은 틀에 박힌 길에서 벗어날 힘을 준다. 전통이야말로 끊임없이 오늘의 현실을 감정하게 하며, 위대한 예술가를 맹목적으로 추종하지 않도록 이끄는 것이다.
>
> _ 오귀스트 로댕

마네는 국전에는 꾸준히 작품을 출품하면서도 모델의 포즈, 강렬한 색채의 대비, 회화적 표현에서 예술적 전통을 깨는 것에 거침이 없었습니다. 논란과 비난을 두려워하지 않고 기꺼이 마주했습니다.

+ 생의 마지막까지 혁신가로 살다

마네의 후기 대표작을 한 점 감상하겠습니다. 〈폴리 베르제르 술집〉입니다. 이곳은 카페이자 카바레였는데요. 화가, 음악가, 사업가 등 다양한 부류의 사람들이 모여 공연도 보고 술도 마시는 장소였습니다. 그림 속 종업원 여인의 얼굴에는 피곤함이 그대로 배어 있습니다. 그로 인한 무심함도 고스

A Bar at the Folies-Bergere

폴리 베르제르 술집

에두아르 마네

1882

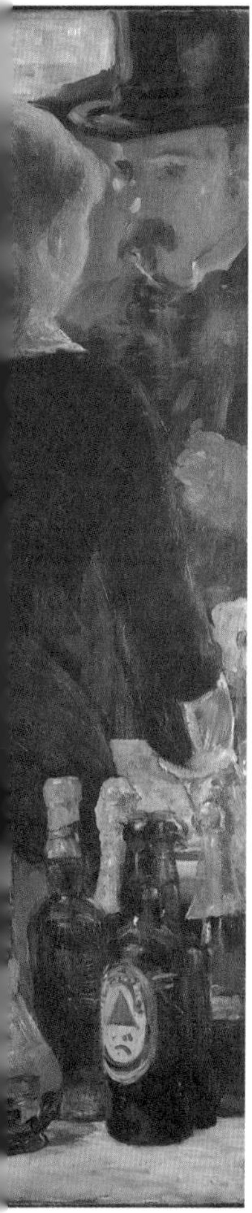

란히 드러납니다. 서비스업 노동자들의 애환에 대한 조용한 공감이 담겨 있는 그림이라면 과장일까요. 마네는 화려한 파리에 몸담고 있으면서도 그 안에서 살아가는 사람들의 원래 모습도 놓치지 않았던 것입니다.

테이블 위를 살펴보겠습니다. 중앙 유리잔에 장미가 꽂혀 있는데요. 장미는 고대에 비너스에게 헌화한 꽃이기도 합니다. 술집 종업원을 현대판 비너스에 비유한 듯합니다. 꽃만 따로 봐도 정물화 작품처럼 보일 정도로 섬세하게 표현했습니다. 사실 이 시기 마네는 정물화를 많이 그렸습니다. 여기에는 안타까운 사연이 숨어 있습니다. 비슷한 시기 마네가 그린 정물화를 보겠습니다.

〈수정 화병의 크레마티스〉가 정말 아름답습니다. 당시 마네는 꽃을 그린 다수의 작품을 남겼습니다. 왜 그랬을까요. 사실 건강 때문이었습니다. 노년에 건강에 이상이 생겼는데, 마비 증세가 나타났다고 합니다. 화가에겐 다른 어떤 병보다 더 고통스러웠을 것 같습니다. 친구들은 마네를 위로하기 위해 꽃을 보내줬고 마네는 그 꽃들을 그렸습니다. 통증이 심해질수록 실내에서 편하게 그릴 수 있는 정물화를 선호했던 것이죠.

그래서일까요. 마네의 정물화에서는 차분함 너머 쓸쓸함이 느껴지기도 합니다. 1882년에 그린 작품 〈모스 장미와 꽃병〉에도 분홍 장미들이 꽂혀 있는데요. 이

Pinks and Clematis in a Crystal Vase
수정 화병의 크레마티스
에두아르 마네
1881

Moss Roses in a Vase
모스 장미와 꽃병
에두아르 마네
1882

장미의 색이 아름답긴 하지만 옆에 떨어져 있는 한 송이와 함께 외로움이 전해지는 듯합니다.

〈폴리 베르제르 술집〉은 아픈 몸으로 마지막 열정을 불사른 대작이었습니다. 그리고 그곳에 자신이 그리던 꽃을 그려두었던 것입니다.

다시 〈폴리 베르제르 술집〉으로 돌아가보겠습니다. 독특한 점이 있는데요. 마네는 마지막까지 혁신가였습니다. 발견하셨을 것입니다. 종업원의 뒤는 거울입니다. 그런데 거울 속 종업원의 뒷모습과 오른편 남자의 앞모습이 원근법적으로 맞지 않습니다. 옆의 뒷모습과 정면의 여인이 같은 사람이라는 것입니다. 마네는 현실의 규칙을 신경 쓰지 않고 구성을 자유롭게 해방시켰습니다. '불가능한 세계'를 그린 것이죠.

이처럼 마네의 혁신은 과거 규칙을 깨는 것이었습니다. 당연히 이 작품이 공개됐을 때 관객들이 전부 어리둥절했습니다. 하지만 다른 반응을 보인 사람들도 있었습니다. 바로 앞서 마네에 열광했던, 전통에 반대하던 젊은 화가들이었죠.

작품 한 점을 더 감상하겠습니다. 앙리 팡탱 라투르(Henri Fantin-Latour)의 〈바티뇰의 아뜰리에〉입니다. 이 작품에는 마네에 대한 존경이 담겨 있습니다. 여러 인물이 등장하는데요. 먼저 캔버스 앞에 앉아 그림을 그리는 인물이 바로 마네입니다. 무언가 설명하는 것 같은데요. 마네의 생각에 동조하는 동료들이 진지하게 바라보고 있습니다. 이 중 특별히 주목해야 하는 인물이 있습니다. 중앙 벽에 황금색 액자가 보이죠? 그 액자 앞에서 모자를 쓰고 두 손을 모으고 서 있는 사람,

A Studio in the Batignolles
바티뇰의 아뜰리에
앙리 판탱 라투르
1870

누굴까요. 바로 행복을 그린 화가 르누아르입니다. 그리고 또 화면 오른쪽 끝에서 우리를 바라보는 인물은 바로 모네입니다.

이 젊은 예술가들은 조금씩 새로운 그림들을 그리고 있었는데요. 그들에게는 새로움의 방향을 잡아줄 주창자가 필요했습니다. 그때 마네의 전통을 뛰어넘고, 고정관념을 깨는 시도들이 그들에게 현대적인 감각을 깨워주었던 것입니다. 한마디로 마네는 과거만 바라보던 화가들의 시선을 미래로 돌려놓았습니다.

그들은 마네의 작업실이나 카페에 모여 예술에 대해 토론했습니다. 그들 중 다수가 바로 오늘날 '인상파'라 불리는 인물들입니다. 실로 '인상파의 아버지'가 되었던 것입니다. 당시 마네의 그림을 비난한 사람들은 전통에서 벗어난 혁신적인 기법과 구도를 이해하지 못했습니다. 하지만 현재는 전통적인 주제와 현대적 감각을 조화시키며 미술의 흐름을 완전히 바꿔버린 중요한 인물로 평가받고 있습니다.

+ 고단한 인생에 대한 위로와 환대

마지막으로 조금 마음 아픈 이야기를 하려 합니다. 마네는 죽음이 다가왔을 때 과거 비평가들의 수많은 조롱으로 인한 상처를 고백했습니다.

> 그 누구도 욕설이 어떤 느낌을 주는지를 모른다.

젊은 시절 새로운 예술을 이해하지 못하는 세인들과 싸워야 했지만 언어폭력의 상처는 너무 깊었습니다. 몸에 생긴 상처라면 아물겠지만 마음에 새겨진 상처는 좀처럼 지워지지 않았습니다.

오늘날 위대한 거장이라 평가받는 인물들도 상처에 아파한 평범한 사람이었습니다. 하지만 자신의 신념을 지키며 뚜벅뚜벅 나아갔던 것이죠. 거장이란 어쩌면 세상 모두가 맞다고 하는 길을 벗어나 새로운 길을 개척하는 사람인지도 모르겠습니다.

위대함 뒤에 감춰진 아픔을 들여다보게 되는 시간입니다. 용기를 잃지 않는 용감한 사람이 되어야겠습니다. 지나온 것에서 새로운 것을 발견하는 지혜를 연습해야겠습니다. 그 용기와 지혜가 비범한 일을 이룬다고 믿으면서 말입니다. 그리고 그 고단한 인생에 대한 위로와 환대는 지금 당장이 아니더라도 적절한 때에 찾아오리라 믿으면서 말입니다.

제3화 피에르 보나르

사랑이란
말이
진부하고
유치하게
들릴지라도

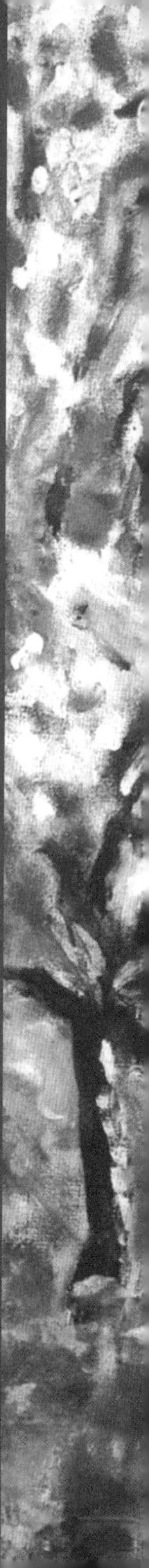

Vincent van Gogh
Edouard Manet
Pierre Bonnard
Edgar De Gas
Paul Cézanne
Henri Rousseau
Suzanne Valadon
William Turner
Wassily Kandinsky
Auguste Renoir
Edvard Munch
André Brasilier

Pierre Bonnard

–

1867~1947

"항상
색이 있다.
항상
당신이 있다."

여러분은 지금 사랑하고 있나요? 저는 사람은 언제든 가슴속 깊은 곳에 로맨스를 품고 살아야 한다고 생각합니다. 사랑 없는 삶은 죽음과 다름없다고 감히 생각하기 때문입니다. 그래서 이 예술가의 이야기를 준비했습니다. 사랑은 눈으로 보는 것을 넘어 마음으로 보는 것이라는 오래된 진실을 새삼 상기시켜주는 화가입니다. 이름이 조금 생소할 수도 있겠습니다. 그러나 이 화가의 인생 이야기를 만나고 나면, 그러고 나서 그의 그림을 감상하면, 그 매력에 빠지지 않을 수 없을 것입니다.

예술가에게는 뮤즈라는 존재가 있습니다. 사랑의 대상이자, 영감의 원천입니다. 열렬하고 아름다운 천사이자, 수증기처럼 한순간에 사라지기도 하고, 창조의 영혼을 송두리째 부셔버리는 파괴적인 악마이기도 합니다. 그 모순의 뮤즈를, 한 여인을 무려 50년 가까이 400점 남짓으로 자신의 화폭에 담은 화가가 있습니다.

『사랑을 말할 때 우리가 이야기하는 것』의 작가이자 미국 현대문학을 대표하는 작가 레이먼드 카버 역시 이 예술가의 사랑을 한 편의 시로 노래했습니다. 시의 제목은 잠시 후에 알려드리겠습니다. 그 가운데 한 토막은 이렇습니다.

모든 살아 있는 것들이 꽃처럼 피어나는 그곳
그녀는 젊고 떨며 욕망을 뿜는다
그녀가 죽은 후에도 그는 한동안 그림을 그렸다

이 시를 닮은 그림 한 점을 감상해보겠습니다. 방 안에 밝은 햇살이 들어오고 있습니다. 창밖의 빛이 실내를 밝게 비춥니다. 분홍과 노랑과 파랑의 조화가 마치 비현실의 공간을 만드는 것 같습니다. 여성은 방금 목욕을 마치고 나왔습니다. 그리고 향수를 뿌리고 있는데요. 여성은 역광으로 표현되었습니다. 아름답게 꾸민 모습이 아닙니다. 역광 그대로, 화가의 눈에 보이는 대로 그렸습니다. 왼편에는 욕조 통이 있고, 그 위 거울에 여성의 모습이 비칩니다. 화가가 사랑한 여성이 행복해하는 순간이었습니다.

이 그림을 그린 사람은 바로 화가 피에르 보나르(Pierre Bonnard)입니다. 시의 제목은 〈보나르의 나부〉이고요. 아마도 많은 예술가들은 "아름다운 것은 고독 속에 있다"고 할 테지만, 보나르는 "아름다운 것은 사랑 속에 있다"고 말할 것 같습니다. 〈역광의 나부〉 속 모델은 보나르의 아내 '마르트 드 멜리니(Marthe de Meligny)'였습니다.

보나르는 집 안 혹은 정원에서 그녀를 바라보며 많은 그림을 남겼습니다. 그래서 그를 '앵티미즘' 화가라 부르는데요. '앵티미즘(Intimisme)'은 내밀한, 은밀한, 즉 사적인 공간을 그리는 경향을 나타냅니다. 그리고 그런 작품을 그리는 화가들을 '앵티미스트'라고 부르죠. 어떤 거대하고 심각한 주제가 아니라 일상의 소소한 행복을 그린 화가들입니다.

Model in Backlight

역광의 나부

피에르 보나르

1908

Self Portrait
자화상
피에르 보나르
1889

보나르는 그들 중에서도 대표적인 화가로 손꼽힙니다. 그런데 보나르는 왜 이런 주제의 그림을 그렸을까요? 물론 예민하고 내성적인 성격도 한몫했을 것입니다. 하지만 그림 속에 담긴 그의 은밀한 사랑 이야기를 듣고 나면 그 내밀한 이유를 더 깊이 알 수 있습니다.

〈자화상〉은 스물두 살의 보나르가 처음으로 그린 자신의 모습입니다. 깔끔한 정장 차림에 안경 너머의 눈빛이 오래도록 기억에 남을 것 같습니다. 보나르는 안경과 콧수염이 특징이었는데, 겉으로 보이는 이미지로만 보면 예술가라기보다는 학자처럼 보이기도 합니다. 무엇을 보고 있는지, 어디를 응시하는지 눈의 초점이 잘 안 맞는 것 같아서 마치 내면의 세계에 빠져 있는 것 같기도 합니다. 밖을 보아도 안을 바라보는 사람이 있으니까요. 그런 사람들은 군중 속에 있어도 혼자 있고, 여럿이 시끄럽게 있어도 단둘이 있을 수 있는 사람입니다. 보나르는 자신의 예술에 대해 이렇게 말했습니다.

> 나는 어느 유파에도 속하지 않는다. 오로지 나만의 것을 실현하기 위해 애쓸 뿐이다.

그는 평생 이 생각을 품고 지키며 그림을 그렸습니다. 하지만 그러면서도 다른 예술가들을 존경할 줄 아는 화가였죠. 동시대 예술가들의 새로운 시도를 이해하고 좋은 점은 기꺼이 배우는 화가였습니다.

보나르는 예민했지만 주변 사람들과 커다란 문제를 일으킨 적이 없습니다. 사색적이었지만 배려 깊은 사람이었습니다. 그의 어린 시절로 떠나보겠습니다.

+ 내가 그린 그림으로 돈을 벌다

피에르 보나르는 1867년 프랑스에서 태어났습니다. 아버지가 국방부에서 근무하는 중산층 가정이었는데요. 학창 시절 내성적이지만 성적이 굉장히 뛰어난 아이였습니다. 특히 문학, 라틴어, 그리스어, 철학에 관심이 많았고, 그림과 색채에도 관심을 보이고 있었죠. 당시 그의 드로잉 수첩도 예사롭지 않습니다.

외할머니 댁에 갈 때면 할머니의 얼굴과 파리의 모습을 스케치

어린 시절 보나르의
드로잉 수첩

북에 그리며 놀았는데요. 현재 그때의 드로잉이 남아 있어 그의 어린 시절 재능을 엿볼 수 있습니다. 하지만 아버지의 권유로 어쩔 수 없이 법률을 공부하게 됩니다. 1885년 법과 대학에 입학했고, 1888년에는 법학사 학위를 받았습니다. 그러면서도 그림을 포기하지 않고 미술 학원에 다니며 그림 공부를 했습니다. 1890년에 마침내 법학사이자 변호사가 되는데요. 이것은 그가 원하는 삶이 아니었습니다.

보나르는 매일 끌려가듯 센 강 지역에 있는 검사국으로 나가야 했습니다. 하지만 출근을 해서도 쉬는 시간마다 수첩을 꺼내서 직원들을 그렸고, 퇴근해서는 전시회에 출품할 작품을 그렸습니다. 꿈을 놓을 수가 없었던 것입니다.

그러던 어느 날 법률가의 행로에 마침표를 찍는 순간이 찾아옵니다. 바로 그의 재능을 알아보고 한 회사에서 광고 포스터를 의뢰한 겁니다. 당시 보나르가 완성한 포스터를 볼까요.

상단에는 '프랑스 상파뉴' 브랜드 이름이 크게 써 있고, 젊은 여인이 노란 드레스를 입고 한 손에는 거품이 넘치는 술잔을 들고 있습니다. 왼손에 든 부채는 마치 브랜드 이름에 밑줄을 긋는 것 같습니다. 넘쳐나는 거품은 전체적인 분위기를 흥겹게 만들어줍니다.

이 포스터는 굉장히 비싼 값에 팔리는데요. 당시 부모님에게 보낸 편지에는 이렇게 적혀 있습니다.

> 저는 100프랑을 벌었습니다. 그만한 돈을 손안에 지녔다는 사실이 정말로 자랑스러워요.

poster advertising
France Champagne
프랑스 샹파뉴 광고 포스터
피에르 보나르
1891

재능을 인정받아 기뻐하는 보나르의 마음이 느껴지죠. 자식이 재능을 인정받으면 부모 또한 그 기쁨을 숨길 수 없는 법입니다. 의외로 이 소식을 들은 아버지는 기뻐서 정원에서 춤을 췄다고 합니다.

보나르는 이후 화가라는 직업으로 살아가게 되는데요. 당시 화가 친구들과 어울리며 새로운 예술을 연구하고 또 폴 고갱의 영향을 받아 예언자들이라는 뜻의 '나비파' 그룹을 만들어 활동하기도 합니다. 나비파의 그림들은 사실적인 재현을 초월하여 장식적인 경향을 강하게 띱니다. 신비한 느낌마저 들죠. 원근법을 무시한 평면적 구성도 특징입니다. 이런 경향은 고갱의 그림에서 두드러집니다.

보나르는 당시 유행하는 일본 예술을 흡수해서 자신만의 스타일을 창조하기도 합니다. 유화뿐 아니라 포스터, 인테리어, 무대 장치 등 다양한 방면에서 활동하며 예술가로 정착하기 위해 최선을 다했습니다. 그리고 1893년 보나르의 예술 세계에 절대적 영향을 끼치는 운명의 만남이 이루어집니다. 어떤 이들은 운명에 우연이 없다고 말합니다. 스스로 운명을 만들고 있다는 것이죠. 보나르도 그랬던 것 같습니다. 그만큼 이 만남은 치명적이었으니까요. 바로 처음 함께 보았던 그림 속 여인 '마르트 드 멜리니'와의 만남이었습니다.

+ 운명이 된 우연

그녀의 본명은 '마리아 부르쟁(Maria Boursin)'이었지만 생전 예명인 '마르트 드 멜리니'로 불렸다고 합니다. 본인도 자신을 '마르트 드 멜리니'로 소개했죠. 당시에는 귀족 이름에 '드(de)'가 사용됐는데요. 화가 에드가 드가의 이름에서처럼 말입니다. 일반인들 사이에서 귀족처럼 이름을 짓는 게 유행이었습니다. 그래서 그녀도 예명을 지어서 사용했습니다.

이 특별한 이름은 자신을 감추기 위한 것이기도 했습니다. 마르트 드 멜리니는 신비한 여인이었습니다. 자신의 정체를 계속 숨겼다고 합니다. 감추었다기보다 그저 드러내기 싫어하는 것이었을 수도 있습니다만, 보나르도 그녀의 본명을 만나고 30년이 지나서야 알았

마르트 드 멜리니 사진

다니, 분명 평범한 사람은 아니었습니다.

보나르는 전차에서 내리는 그녀와 우연히 마주칩니다. 그 순간 그녀의 신비로운 매력이 그를 한순간에 사로잡습니다. 하층민이었던 그녀는 남의 집에서 허드렛일이나 바느질을 하며 살았는데, 당시에는 장례용 조화를 만드는 일을 하고 있었습니다. 보나르는 그녀에게 자신의 모델이 되어달라고 부탁하죠. 처음엔 모델과 화가의 관계였습니다. 그러다 이 둘은 사랑에 빠졌고, 이후 그녀가 세상을 떠난 1942년까지 50년 가까운 세월을 함께합니다.

사실 마르트는 정신적으로 많이 약했던 사람이었습니다. '청결 강박증'이 있었습니다. 폐가 좋지 않았다는 말도 있고, 피부병에 힘들어했다는 얘기도 있습니다. 그녀는 자주 오래 따뜻한 물에 목욕을 해야 안정되었습니다. 그리고 방금 막 씻고 나온 순간을 가장 좋아했습니다. 어떤 기분이었을지 〈역광의 나부〉 속 뒷모습에서 표정까지 느껴지는 듯합니다.

〈화장〉에서도 마르트는 금방 목욕을 마치고 나온 듯합니다. 이번에는 여성의 뒷모습과 함께 벽지의 꽃 장식이 눈에 들어오는데요. 거울도 눈에 띄고요. 보나르의 그림에는 거울이 자주 등장합니다. 보나르는 거울에 비친 세상을 통해 공간을 재창조했습니다. 그림은 마르트가 목욕을 마치고 마음에 안정이 찾아온 그 찰나의 행복을 담았습

La Toilette
화장
피에르 보나르
1908

Sleeping woman
잠자는 여인
피에르 보나르
1928

니다. 온화한 색 표현에서 그의 마음이 느껴집니다.

〈잠자는 여인〉 속 여성도 마르트입니다. 열린 창 밖에서 빛이 들어옵니다. 그녀는 의자에 앉아 나른한 오후를 즐기다 곤히 잠이 들었습니다. 팔이 아플 것 같긴 하지만 평온해 보입니다. 얼마나 많은 시간, 얼마나 촘촘하게 그녀를 바라봤는지 느껴지시나요.

+ 소소한 행복을 보는 눈을 가진 화가

하지만 이 둘의 사랑도 쉽지만은 않았습니다. 보나르는 법률을 전공하고 변호사 생활을 한 중산층이었지만 마르트는 하층민이었습니다. 부모님의 결혼 반대에 부딪혀 오랜 동거 끝에 1925년이 되어서야 힘겹게 결혼합니다. 둘이 만나고 30년도 더 지난 뒤였습니다.

한 장의 사진이 얼마나 많은 것들을 담아낼 수 있는지, 보나르와 마르트의 한 순간이 여러 이야기를 상상하게 합니다. 보나르는 시간

보나르와 마르트

이 날 때면 아내를 데리고 여행을 갔습니다. 목욕을 좋아하는 그녀를 위해 여행지는 언제나 온천이었죠. 프랑스 구석구석 물 좋은 곳을 찾아다녔어요. 그녀의 허약한 몸과 마음이 건강해지길 바라는 마음이었습니다.

보나르는 예민하면서도 남에게 잘 맞춰주는 성격이었습니다. 반면 마르트는 보나르가 다른 사람을 만나는 것을 싫어했습니다. 1932년 동료 화가에게 보낸 편지에는 이렇게 쓰여 있습니다.

> 여전히 사람들을 혐오하고, 시간이 지나면 나아지겠지만 지금으로서는 최대한 사람을 피하는 것이 치료 방법이라네. (……) 그래서 나는 완전히 고립된 채로 지내고 있고, 그림 테크닉을 연구하고 올리브를 수확하며 시간을 보내고 있어.

지금 우리의 사랑은 어떤 모습인지 성찰하게 하는 편지 아닌가요. 아마 보나르는 '상대의 마음으로 상대를 바라봐주는 것'을 사랑으로 알았던 듯합니다. '감추고 싶어 하는 것을 감춰주는 것'을 사랑이라 생각했던 듯합니다.

물론 다툴 때도 있고 그녀의 아픔에 힘들기도 했을 겁니다. 하지만 그 모든 순간을 바라보며 그녀의 옆을 지켰습니다. 뮤즈가 괜히 뮤즈인가요. 이렇게 보나르는 불우한 질병 속에 갇힌 그녀의 모든 것을 끌어안고 세밀한 몸짓, 손짓 하나를 놓치지 않고 400여 점의 작품으로 남겼습니다.

그래서일 것입니다. 보나르가 그린 그림 속 이 둘만의 세상은 환

Under The Tree
나무 아래에서
피에르 보나르
1915

상적이고 몽롱합니다. 마르트의 모습뿐 아니라 빛으로 가득한 베란다, 부엌, 집 앞 풍경도 더없이 따뜻합니다.

저는 이 작품의 색이 참 좋습니다. 햇빛이 밝게 비치는 오후, 녹색 풀들과 꽃이 피어 있습니다. 햇빛을 피해 나무 그늘 아래 빨간 줄무늬 천을 깐 테이블에 여유롭게 앉아 차 한 잔 마시며 신문을 보고 있습니다. 보나르는 이런 평범하고 소소한 행복을 보는 눈을 가진 화가였습니다.

〈욕조 속 누드〉는 마르트가 생전 마지막으로 등장하는 작품으로 알려져 있습니다. 목욕 중인 그녀의 모습과 주변을 다양한 색채로 담았는데요. 마치 욕조와 하나가 된 듯한 그녀와 색색의 타일로 표현된

Nude in Bathtub
욕조 속 누드
피에르 보나르
1941~1946

욕실이 다른 세상처럼 신비합니다. 욕조 앞에는 강아지가 지키고 있습니다.

이처럼 보나르의 다정한 눈과 사려 깊은 태도가 두 사람의 사랑을 지켜주었을 것입니다. 사소한 일들이 우리를 위로하니까요. 사소한 일들이 우리를 괴롭히는 것처럼 말입니다.

+ 한 사람의 사랑은 한 사람의 인생을 닮는다

1942년 1월 26일, 차가운 겨울이 이별의 피리를 불었습니다. 제2차 세계대전이 한창이던 그

The workshop with Mimosa
미모사가 피어 있는 아틀리에
피에르 보나르
1946

때, 마르트는 먼저 세상을 떠납니다. 결핵성 후두염이 원인이었습니다. 보나르는 마르트가 죽자 그녀의 침실 문을 잠그고 다시는 열지 않았다고 합니다. 이별은 혼자가 되는 일입니다. 보나르는 마르트가 떠난 후 자화상과 풍경화에 몰두합니다.

〈미모사가 피어 있는 아틀리에〉는 창밖으로 보이는 풍경을 담았습니다. 노란 광채가 화실에 쏟아져 들어오는 것을 보면 풍경화라기보다는 색채 추상에 가까워 보입니다. 강렬한 노란색이 시선을 사로잡습니다. 보나르는 평생 색채를 연구한 화가이기도 했습니다.

이 작품에서 눈여겨봐야 할 곳이 있습니다. 그림을 자세히 보세요. 바로 좌측 하단인데요. 자세히 보면 얼굴이 있습니다. 마르트가 떠난 후에도 잊지 못하고 지난날 아주 오래 함께했던 그녀의 얼굴을 마치 자신의 서명처럼 그려 넣었습니다. 그림은 마치 "당신은 나의 영원한 뮤즈입니다"라고 말하는 것 같습니다.

마르트가 별이 된 지 얼마 지나지 않아, 1947년 보나르는 마지막 작품을 남기고 마르트의 곁으로 갑니다. 그의 마지막 작품은 유독 환하게 빛났습니다. 〈꽃이 핀 편도나무〉입니다. 수많은 나뭇잎들이 하얀 광채를 내뿜습니다. 마치 그의 아름다운 생애, 찬란했던 사랑 같습니다. 한 사람의 그림은 한 사람의 인생을 닮을 수밖에 없으니까요.

유난히 겸손했던 화가의 마지막 말은 이랬습니다.

나는 아무것도 창조하지 못한다. 그저 바라볼 뿐이다.

보나르의 생애와 작품 속에서, 저는 사랑을 간직한 인간다움에 매료되었습니다. 예술에 대한 진지한 연구, 타인에 대한 배려와 사려 깊음, 사랑을 지키고 보살피는 마음에 사로잡혔습니다. 보나르의 예술은 또 다른 사조로 '사랑파' 아닐까요.

마지막으로 제가 여러분에게 보여드리고 싶은 그림이 하나 더 있는데요. 생전 이 둘의 모습을 함께 그린 작품이 있습니다. 그의 동료였던 모리스 드니가 그린 것인데 두 사람의 마음을 한번에 알 수 있습니다.

〈보나르와 마르트〉. 이 그림을 처음 봤을 때 이상하리만큼 마음이 따뜻해졌습니다. 절로 미소가 지어지는 작품이었습니다. 이 둘의 이야기를 들려드려야겠다고 결심한 이유이기도 합니다. 두 사람의 사랑이 느껴지나요.

The almond tree in blossom
꽃이 핀 편도나무
피에르 보나르
1946

Pierre Bonnard and Marthe Denis
보나르와 마르트
모리스 드니
1899

사람과 사람 사이의 단절은 더욱 심해지고 외로움을 강요하는 시대입니다. 어쩌면 사랑이라는 말이 진부하고 사치스럽게 들릴 수도 있을 것 같습니다. 하지만 세상이 척박할수록 우리에게 위로를 주는 것은 사랑 아닐까요. "항상 색이 있다. 항상 당신이 있다"던 보나르의 말을 바꾸어보고 싶습니다.

인생이 있다. 그곳엔 항상 사랑이 있어야 한다.

제4화 에드가 드가

내가 사는 세상을 관찰한다는 것은

Vincent van Gogh
Edouard Manet
Pierre Bonnard
Edgar De Gas
Paul Cézanne
Henri Rousseau
Suzanne Valadon
William Turner
Wassily Kandinsky
Auguste Renoir
Edvard Munch
André Brasilier

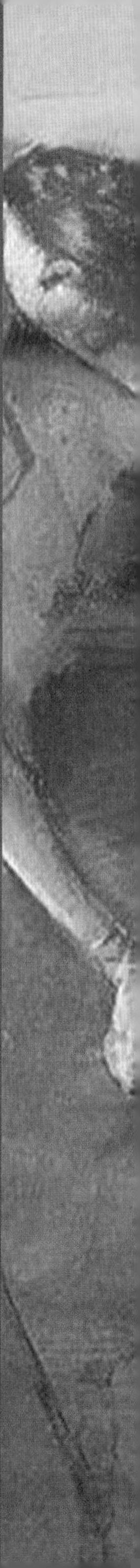

Edgar
De Gas

–

1834~1917

"사랑은
사랑으로 남고
그림은
그림으로 남는 것."

춤은 감정과 상상의 '재현(再現)'이자, 언제나 이 순간에만 존재하는 '현재(現在)'입니다. 아마도 예술의 여러 장르 중 '살아 있는 것'을 가장 많이 닮은 것이 춤이라 해도 크게 틀리지는 않을 것입니다. 춤의 시간엔 정지의 순간에도 어떤 흐름이 느껴지는 시간이 있습니다.

이곳에서 저곳으로 지나는 바람과, 조용한 숲을 깨우는 새의 노래와, 고독과 분노, 사랑과 미움처럼 꿈틀거리는 감정 역시 춤과 가깝지 않던가요. 그렇게 춤은 과거의 것도 현재의 것으로 만들고, 가려진 것도 생생하게 재현합니다.

그 생동하는 '춤'과 밀접한 화가가 있습니다. '무희의 화가' 혹은 '발레리나의 화가'로 불리는 예술가죠. 그의 '춤'엔 더욱 깊은 사실과 진실이 담겨 있습니다. 먼저 그의 대표작을 만나보겠습니다.

〈무대 위의 무희〉입니다. 스포트라이트를 받은 것처럼 의상이 환하게 빛나고 있습니다. 시선이 확 집중됩니다. 무용수를 바라보는 이의 위치가 조금 독특한데요. 위에서 아래를 향하고 있습니다. 당시 귀족들이 앉는 위층 박스석인 것 같습니다. 더욱 독특한 것은 이 화가가 무대 위 무희의 모습뿐 아니라, 리허설 장면이나 공연을 마치고 휴식

Dancer on Stage
무대 위의 무희
에드가 드가
1878

Self Portrait Saluting
자화상
에드가 드가
1866

을 취하는 모습을 더 선호했다는 점입니다.

1866년 에드가 드가가 그린 〈자화상〉은 서른 살 즈음의 모습을 담고 있습니다. 말끔하게 차려입은 정장에 중절모까지, 세련된 도시 남자의 분위기가 물씬 풍깁니다. 자세에서는 자신감마저 느껴지는 파리의 남자입니다.

드가는 파리를 사랑했습니다. 정확히는 그 속의 사람들, 그리고 그들의 일상을 사랑했죠. 드가는 구석구석을 누비며 파리를 포착했습니다. 그래서 인상파 화가로 알려져 있지만, 드가는 스스로를 '사실주의 화가'라고 말합니다. 그의 작품에는 아름다운 발레리나의 모습이 담겨 있지만, 그 안에는 고단한 생의 진실이 흐르고 있습니다.

드가의 시선이 라이너 마리아 릴케(Rainer Maria Rilke)의 소설 속 말테의 눈과 다르지 않다면 과장일까요. 이제부터 본격적으로 드가의 삶 속으로 들어가보겠습니다.

+ 부유한 집안에서 태어난 뛰어난 재능

드가는 1834년 프랑스에서 태어났습니다. 아버지는 가문이 소유하고 있던 나폴리 은행의 파리 지점을 운영했는데요. 덕분에 유복한 환경에서 성장하게 됐죠. 하지만 불행하게도 어머니는 막내 아이를 낳다가 아이와 함께 일찍 세상을 떠났습니다. 드가는 평생 독신이었고, 여성과 적극적인 교제를 한 적도 없습니다. 어머니와 삼촌이 은밀한 관계였고, 어릴 적 그 장면을 목격한 충격으로 인해 여성에 대한 반감이 생겼다는 이야기도 있는데, 풍문일 뿐 확실한 기록은 전해지지 않습니다.

아버지는 아내와 사별 후 혼자서 아이들을 키웠는데요. 음악과 그림을 좋아했고 아이들을 데리고 루브르 박물관을 자주 다녔습니다. 덕분에 드가는 어린 시절부터 거장들의 작품과 친해질 수 있었죠. 아들이 화가가 되겠다고 했을 때에도 아버지는 크게 반대하지 않았습니다. 화가로 큰 성과를 얻지 못했을 때도 느긋하게 기다려주었습니다.

드가는 명문 미술학교인 에콜 데 보자르에 입학합니다. 이곳에서 전통적인 방식대로 그림을 배웠습니다. 특히 드가는 선과 드로잉에 집중했는데요. 초기에는 고전주의 미술에 빠져 이탈리아 거장들의 작품을 보며 공부했습니다. 특히 신고전주의 화가 장 오귀스트 도미니크 앵그르(Jean-Auguste-Dominique Ingres)를 진심으로 존경했습니다.

앵그르의 대표작 〈목욕하는 여인〉입니다. 앵그르는 선의 흐름이 강조된 드로잉을 통해 관능적이면서 우아한 누드화를 완성했습니다.

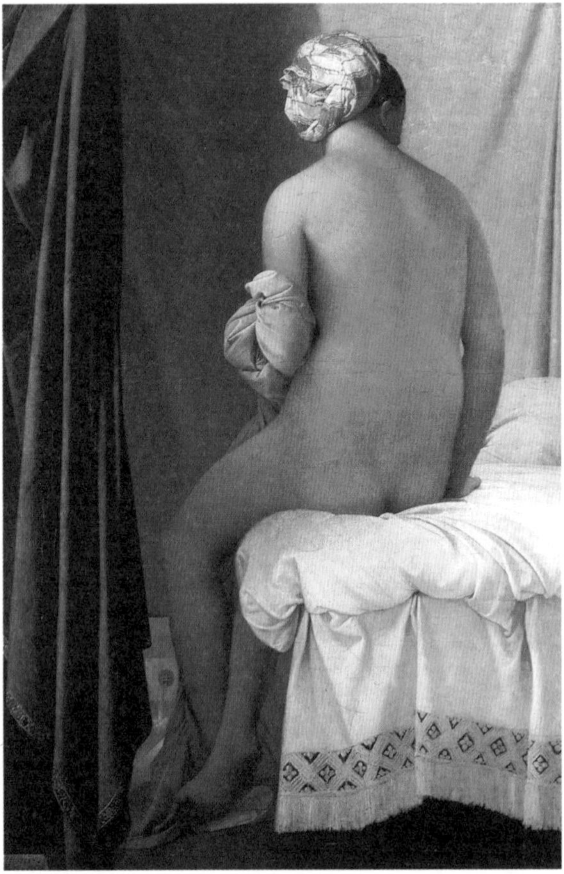

The Bather of Valpinçon
목욕하는 여인
장 오귀스트 도미니크 앵그르
1808

매끈한 피부 때문에 마치 조각상처럼 보이기도 합니다. 드가는 노년의 앵그르를 만난 적이 있는데요. 좋은 화가가 되기 위해서는 선을 많이 연습해야 한다는 조언을 들었습니다. 드가는 그 조언을 중요하게 받아들이고 평소 성실하게 데생 연습을 했습니다. 드가에게는 독특한 점이 있는데요. 많은 인상파 화가들이 전통적인 미술학 교육을 반대하며 등장한 데 반해, 드가는 교육과정을 착실하게 따랐습니다.

하지만 곧 학교에서 나오게 됩니다. 이것 역시 교육에 대한 반항이나 분노 때문은 아니었습니다. 당시 프랑스 미술학교는 이탈리아를 미술의 본고장으로 여기고 수업을 했는데요. 부유했던 드가는 차라리 이탈리아에서 거장들의 작품을 직접 마주하며 배우는 게 좋겠다고 생각했습니다. 이탈리아에 친척이 있어서 더욱 수월했습니다. 그렇게 이탈리아에 도착한 드가는 수많은 르네상스 시대 걸작들을 직접 마주하며 그림 수준이 높아집니다. 이 시기 그린 인물화는 그의 재능을 십분 증명해주고도 남습니다.

그중 드가의 초기 명작으로 평가받는 할아버지의 초상화, 〈일레르 드가의 초상〉입니다. 소파에 앉아 있는 할아버지의 모습을 그렸는데, 옷차림, 자세, 눈빛에서 위엄이 고스란히 전해집니다. 드가의 할아버지는 어려운 환경 속에서 많은 부를 축적하고 가문을 일으켜 세웠습니다. 은행까지 설립했던 성공한 인물이었죠. 그 덕분에 드가 또한 유복하게 지낼 수 있었습니다. 드가는 이처럼 이미 인물들의 분위기를 표현하는 데 뛰어난 재능을 지니고 있었습니다.

Portrait of Rene-Hillaire De Gas
일레르 드가의 초상
에드가 드가
1857

+ "내게는 자연을 그리고 싶은 욕구가 없다"

이후 유학 생활을 마치고 파리로 돌아왔지만 프랑스 미술은 그의 성에 차지 않았습니다. 하지만 이곳에서 화가로 인정받으려면 어쩔 수 없이 권위적인 전시회인 살롱에 입선해야 했습니다. 신화나 역사 혹은 종교화를 그려야 했

Suffering City of New Orleans
오를레앙의 비극
에드가 드가
1865

습니다. 드가의 초기작을 보면 그 조건에 충실한 그림을 여럿 발견할 수 있지요. 드가가 살롱에 출품했던 초기작을 한 점 살펴보겠습니다. 아마 기존에 알고 있던 드가의 그림과는 전혀 다를 겁니다.

중세의 전쟁 장면을 묘사한 그림인데요. 바로 〈오를레앙의 비극〉입니다. 백년전쟁 중 잉글랜드 병사들이 프랑스 여성들을 겁탈하고 살해했던 사건을 모티프로 그렸습니다. 그런데 주제에 맞추기 위해 억지로 그렸던 걸까요. 인물들은 서로 어울리지 못해 부자연스럽고 누가 주인공인지 알기도 힘들고 좀처럼 감정이 이입되지 않습니다. 말하려는 바가 애매모호하죠. 역사나 신화를 그린 작품들은 과장을 하거나 좀 극적으로 표현하는 게 일반적인데, 드가의 그림은 오히려 차분함 혹은 무감각함으로 채워져 있습니다. 당시 이 그림은 그다지 호평을 받지 못했습니다. 드가가 원하는 그림이 아니었기에 당연한 성적표였는지도 모르겠습니다.

드가는 특이하게도 풍경화가 거의 남아 있지 않습니다. 그는 이렇게 말했습니다.

> 자연을 바라보면 곧 지루해진다. 내게는 자연을 그리고 싶은 욕구가 없다.

드가 작품에 인물화가 많은 이유를 알 것 같습니다. 그는 신화, 역사, 풍경화에는 관심이 없었습니다. 드가의 시선은 과거가 아닌 현재에 있었으니까요.

그가 이토록 현재의 일상에 집중하게 해준 사람이 있습니다. 여느 때처럼 드가는 루브르 박물관에서 거장의 작품을 옮겨 그리고 있었는데요. 그때 뒤에서 한 남자가 칭찬하며 말을 걸어왔습니다. 바로 에두아르 마네(Edouard Manet)였습니다. 〈풀밭 위 점심 식사〉, 〈올랭피아〉 등 '지금 여기' 여성의 누드를 그려 논란을 일으킨 화가였죠. 이후 둘은 서로 영향을 주고받습니다.

나의 성장을 촉진하는 사람이 곁에 있다는 것은 참 중요합니다. 누구를 만나는지에 따라 인생이 달라지기도 하니까요. 마네는 드가에게 인상파 화가들을 소개시켜 주었습니다. 그들과 어울리며 드가는 파리의 일상을 주제로 그림을 그리기 시작했고, 인상주의 전시회에도 참여하게 됩니다. 하지만 그를 단순히 인상주의 화가로 단정 짓기에는 여전히 어렵습니다. 인상주의 화가들이 자연을 관찰하며 순간의 인상을 그렸다면, 드가는 파리에 살고 있는 다양한 사람들의 모습을 담았다고 보는 편이 맞습니다. 그의 귀에는 자연의 속삭임과 찬란함보다 파리 뒷골목의 아우성과 사람들의 낮은 목소리가 더욱 크게 들렸던 것 같습니다. 그리고 그는 그에게 들려오는 그 어떤 소리도 지우지 않았습니다.

그럼 잠시 당시 파리의 분위기를 살펴보겠습니다.

+ 파리의 관찰자

당시 황제였던 나폴레옹 3세는 파리를 재정비하는 계획을 세웠습니다. 파리는 도로는 좁고 땅은 질퍽이고 곳곳에서 악취가 풍기는 인구가 밀집된 비위생적인 도시였습니다. 1853년에서 1870년까지 오스만 남작의 주도하에 진행된 파리 재개발은 현재의 낭만적인 파리를 탄생시켰습니다. 이후

당시 파리의 모습

넓은 도로가 깔리고 곳곳에 시민들이 쉴 수 있는 공원이 조성됐습니다. 도로망이 갖춰지고 파리역을 중심으로 10개 철도망이 완성되면서, 파리는 비로소 산업과 문화의 중심 도시로 거듭났습니다. 이 멋진 신세계로 유럽의 지식인과 예술가, 그리고 꿈과 돈과 욕망이 몰려들었습니다.

도시는 소음으로 속이고 침묵으로 속입니다. 그래도 가릴 수 없는 것, 부자는 더 부자가 되었고 하층민은 더 가난해졌죠. 산업화와 도시화는 부르주아들의 새로운 향락을 유행시켰고, 한편으로는 계급의 양극화를 더욱 심화시켰습니다. 빛이 밝을수록 그림자는 짙어지니까요.

드가의 눈과 손은 근대 도시의 고독과 소외, 그리고 대중적인 즐거움 뒤의 가려진 어둠을 부지런히 담았습니다. 부르주아들의 향락을 위해 존재했던 무희들, 힘겨운 노동으로 생계를 이어가는 노동자 계급의 모습에 주목했죠. 그렇게 드가의 캔버스는 현재를 재현하는 창이 되어갔습니다. 릴케의 소설 『말테의 수기』의 의미심장한 첫 문장이 떠오릅니다.

> 그래, 이곳으로 사람들은 살기 위해 온다. 하지만 내 생각에는 이곳에 와서 죽어가는 것 같다.

〈압생트를 마시는 사람〉 역시 아주 유명한 작품입니다. 카페 안에 두 남녀가 보이는데요. 여자는 압생트 잔을 앞에 놓고 초점을 잃은 채 멍하니 있습니다. 우울하고 슬퍼 보이는 듯도 합니다. 남자는 담배

The Absinthe Drinker
압생트를 마시는 사람
에드가 드가
1875

를 물고 화면 바깥쪽으로 시선을 던지고 있습니다. 두 사람의 표정과 자세로 봤을 때 서로에게 굉장히 무관심해 보입니다. 사선의 구도와 끝이 잘린 인물은 마치 우연히 찍힌 스냅사진 같습니다. 그림 속 여성은 배우이자 모델인 엘렌 앙드레(Ellen Andrée)이고 남성은 화가이자 조각가인 마르셀린 데부탱(Marcellin Desboutin)입니다. 이 그림에는 독특한 사연이 있습니다. 이 작품이 공개되자 너무 사실적인 표현에 두 사람이 알코올 중독자라는 비난이 쏟아졌습니다. 드가는 그들이 알코올 중독자가 아님을 밝혀야 했습니다.

드가는 또한 노동자 계급의 모습을 여럿 그렸습니다. 특히 보이지 않는 곳에서 일하는 여성 노동자들에게 관심을 보였습니다. 그 대표작이 〈다림질하는 여인들〉입니다.

두 명의 여성이 일을 하고 있습니다. 한 사람은 두 손으로 다리미를 꾹 누르며 옷을 열심히 펴고 있고, 다른 한 명은 피곤한지 하품을 크게 하고 있습니다. 한 손엔 술병이 들려 있고요. 무엇이 이 두 여인을 이토록 힘들게 하고 있는 걸까요? 무엇이 이들의 삶을 마치 저 다리미를 누르고 있는 손처럼 지독하게 짓누르고 있는 걸까요?

19세기 프랑스는 집집마다 수도가 제대로 보급되지 않고, 도시 인구가 급격히 늘어나면서 빨래를 전담하는 새로운 직업을 가진 여성들이 늘어났습니다. 이들의 노동 조건은 매우 열악했습니다. 이 그림에서 에밀 졸라(Emile Zola)의 『목로주점』이 겹쳐 보이는 건 너무나도 당연하지 않은가요.

난 욕심이 많은 여자가 아닙니다. 별로 바라는 게 없습니다. 내 꿈은 별

Laundry Girls Ironing
다림질하는 여인들
에드가 드가
1884

탈 없이 일하면서 배불리 빵을 먹고, 지친 몸을 누일 조그만 방 한 칸을 갖는 게 전부입니다. 침대와 식탁과 의자 두 개면 충분합니다.

드가의 그림은 묻고 있습니다. 파리의 화려함은 과연 누가 만들고 있는지 말입니다. 사람들의 일상을 집어삼키는, 가장 소박한 꿈마저 포기하게 만드는, "나의 침대에서 죽고 싶다는 바람 정도는 누구나 가질 수 있는 거 아닌가요"라고 따져 물어야만 하는 세상을, 에밀 졸라가 그랬던 것처럼 그 역시 '고발'하고 있습니다.

+ 왜 드가의 발레는 더 아름다울까

드가를 이야기할 때 결코 빼놓을 수 없는 주제, 오늘날까지 드가를 유명하게 만들어준 대상, 바로 아름다운 발레리나의 모습입니다.

드가는 1870년대 초반부터 오페라 극장을 자주 찾았는데요. 19세기 발레는 문화예술의 주축이었을 만큼 황금기였습니다. 그와 함께 발레를 보고 그림을 그리는 화가들도 꾸준히 등장하던 시기였죠. 드가 또한 발레의 매력에 푹 빠졌습니다.

선을 강조하는 신체 예술인 발레는 데생, 그러니까 선을 중시했던 드가에겐 아주 매혹적인 소재였습니다. 드가는 뛰어난 소묘 실력과 신선하고 화려한 색채로 발레리나의 다양한 모습을 담았습니다. 독특한 점은 무대 위의 모습보다 뒤에서 몸을 풀거나 연습하는 자연스러운 자세와 동작에 더 관심을 가졌다는 점입니다. 동작을 세심하게 관찰한 뒤 여러 번의 드로잉을 거쳐 다양한 작품을 탄생시켰습니다.

드가의 발레 작품을 만나볼까요. 1871년 작품 〈발레 수업〉입니다. 연습실의 풍경입니다. 중앙의 발레리나가 선생님의 바이올린 연주가 시작되기를 기다리고 있습니다. 곧 발레를 시작할 것처럼 생동감 있게 표현된 탓에 당시 현장의 분위기가 지금도 생생하게 전해집니다.

주변 발레리나들의 다양한 동작도 주목할 만합니다. 몸을 풀고 있는 발레리나들과, 시험 보는 소녀를 지켜보는 모습까지 조금은 어

Dance Class
발레 수업
에드가 드가
1871

수선하지만, 그래도 중앙의 발레리나에게서는 긴장감이 느껴집니다.

또 다른 〈발레 수업〉을 살펴볼까요. 이번에도 많은 인물이 등장하는데요. 약 스무 명의 발레리나와 저 뒤에서 딸들을 바라보고 있는 어머니들의 모습을 실감나게 표현했습니다. 전체적인 조화가 잘 어울리는데요. 모두 다른 포즈를 취하고 있는 인물들도 감상 포인트

Dance Class
발레 수업
에드가 드가
1874

입니다.

드가의 그림은 파스텔을 사용한 것이 많습니다. 파스텔은 선과 색채를 한 번에 표현할 수 있어서 유화에 비해 힘도 덜 들고 메마른 질감이 실내의 인공조명을 표현하는 데도 효과적입니다.

〈두 발레 무희의 휴식〉은 고된 연습을 마치고 잠시 쉬는 모습을 그렸습니다. 너무나도 힘들게 연습을 한 모양입니다. 몸은 지칠 대로 지쳤고 통증을 느끼는 듯하지만 발레리나라면 누구나 겪는 과정인

Two Ballet Dancers
두 발레 무희의 휴식
에드가 드가
1879

Dancers Practicing at the Barre
바르에서 연습하는 댄서
에드가 드가
1877

양 감내하는 모습입니다. 아름다움 뒤의 고통입니다.

〈바르에서 연습하는 댄서〉 역시 굉장히 재밌는 작품입니다. 화면 왼쪽에 보이는 물뿌리개는 당시 발레 연습실에서 흔히 볼 수 있는 도구였는데요. 무용수들이 춤을 출 때 먼지가 올라오지 않도록 미리 바닥에 물을 뿌렸습니다. 드가는 이 작품에서 물뿌리개를 시각적 유희로 표현했는데요. 댄서들의 모습이 꼭 물뿌리개의 모양 같습니다.

이렇듯 드가는 무용수들의 동작과 선을 아름답게 표현했지만, 그의 그림엔 당시 사회의 모순도 고스란히 담겨 있습니다. 그의 시선을 따라가다 보면 안타까운 현실과 마주하게 됩니다.

사실 19세기에 발레리나는 그리 우아한 직업이 아니었습니다. 당시 발레는 지금과 달리 예술 그 자체가 아니었습니다. 발레리나는 예술가라기보다는 돈을 벌기 위해 나선 노동자에 가까웠죠. 극장 안팎에서 두둑한 스폰서를 만나 부르주아로 상승하는 것이 목표가 되어야 하는 경우도 많았습니다.

당시 파리 오페라극장에는 무용수들이 몸을 푸는 공간인 무용수 대기실이 굉장히 많이 설계됐는데요. 돈 많은 남성들이 발레리나를 보며 비즈니스를 하는 사교클럽처럼 쓰이거나 매춘이 은밀하게 이루어지는 공간이기도 했습니다.

〈분홍과 초록 튀튀를 입은 무희들〉은 그 현장을 고발하듯 무대 뒤에 숨어 있는 진실을 포착해 보여줍니다. 튀튀는 발레리나가 착용하는 스커트인데요. 보는 순간 드가 특유의 색감과 붓 터치가 시선을 사로잡습니다. 무대 뒤에서 심호흡을 하거나 옷매무새와 머리를 다듬으며 무대로 나갈 준비를 하고 있는데요. 무용수들이 입은 초록색

Dancers, Pink and Green
분홍과 초록 튀튀를 입은 무희들
에드가 드가
1890

의상이 화사합니다. 대기실의 분주함과 설렘이 고스란히 전해지는 훌륭한 작품이죠. 그런데 이 그림에 이상한 부분이 있습니다.

그림을 자세히 보면, 우측 기둥 옆에 중절모를 쓴 남성의 실루엣이 보입니다. 누굴까요? 발레를 지도하는 선생님일까요? 극장 관계자일까요? 아닙니다. 사실은 스폰서입니다. 드가는 당시 사회의 삐뚤어진 부분까지 전부 그려냈던 거죠.

앞서 감상한 〈무대 위의 무희〉를 다시 펼쳐 보시기 바랍니다. 발견하셨나요? 공연하는 발레리나 왼쪽을 자세히 보면 역시 검은 정장을 입은 남자가 보입니다. 당시 발레단 소속의 소녀들은 힘겨운 노동에 시달리면서 오페라극장 정기관람권을 가진 부유한 남성들의 눈에 들어야 했습니다. 드가는 이를 정확히 꿰뚫고 있었습니다. 화려함 뒤에 숨겨진 비애와 모순이 저 아름다운 그림을 가로지르고 있었던 것입니다.

이제 이해가 되지 않나요. 이 세상의 숱한 문제와 지독한 모순을 마치 아무 일도 아니라는 듯 집어삼키는 저 자연이 왜 드가에겐 지루했는지 말입니다. 그에겐 말없이도 빛나는 자연보다 아우성칠수록 점점 더 외로워지는 이들의 삶을 그리는 일이 더 절실했던 것 같습니다. 그래서 본인을 사실주의 화가라고 칭했던 것이지요. 그렇게 선명하고 따뜻하게 사실을 그려냈습니다.

+ 예술다움과 사람다움

드가는 그림에 대한 열정이 대단했습니다. 수많은 여성들을 캔버스에 그렸지만 그는 평생 독신이었습니다. 생전 왜 결혼을 하지 않았냐는 질문에 "사랑은 사랑으로, 그림은 그림으로 남는 것이고, 인간이란 오직 한 가지만 사랑할 수 있을 뿐"이라 답했습니다. 진정 예술과 결혼한 화가라고 표현할 수 있겠네요.

지금도 드가의 작품은 한눈에 알아볼 수 있는 독특함을 가지고 있습니다. 화려한 파리의 고독과 소외, 그리고 위선과 기만. 당대의 예술이 외면했던 주제를 뚜벅뚜벅 담아냈습니다.

무대 뒤의 무용수, 파리의 뒷모습, 가히 당대의 관찰자라 하겠습니다. 예술은 빛나는 재능으로만 이루어지는 것이 아닙니다. 진실을 향해 정주행하는 용기, 사실을 외면하지 않는 정직한 시선이 필요합니다. 어떤 이의 행복을 위해서라면 또 다른 어떤 이의 불행쯤은 어쩔 수 없는 것이라는 안이한 태도에는 예술이 허락되지 않습니다. 예술다움과 사람다움은 크게 다르지 않습니다. 철학자 비트겐슈타인의 저 유명한 경구로 드가의 삶에 경의를 표하고 싶습니다.

> 아무것도 변명하지 말라. 아무것도 지우지 말라. 있는 그대로 보고 말하라. 그러면 사실을 새롭게 비추는 것들이 보일 것이다.

제5화 폴 세잔

천천히
꾸준히,
다만
포기하지
않고

Vincent van Gogh
Edouard Manet
Pierre Bonnard
Edgar De Gas
Paul Cézanne
Henri Rousseau
Suzanne Valadon
William Turner
Wassily Kandinsky
Auguste Renoir
Edvard Munch
André Brasilier

Paul Cézanne

–

1839~1906

"사과 하나로
파리를
놀라게 해주겠다."

세상을 바꾼 세 개의 사과를 아시나요? 아담과 이브의 사과, 뉴턴의 머리 위로 떨어진 사과, 그리고 마지막 폴 세잔(Paul Cézanne)의 사과입니다. 요즘에는 스티브 잡스의 한입 베어 문 사과까지 네 개라고도 하는데요. 아무튼 미술사가들은 세잔의 사과가 현대미술을 탄생시켰다는 데 대체로 동의합니다.

세잔은 사과 하나로 레오나르도 다빈치가 완성한 과학적인 원근법과, 당대 예술계를 지배한 인상주의를 훌쩍 뛰어넘었습니다. 세잔의 그림을 한번 볼까요. 테이블 위에 흰 천이 펼쳐져 있고, 사과, 병, 비스킷이 보입니다. 평범한 정물화처럼 보이는데요. 뭔가 정리가 좀 덜 된 것처럼 보이기도 합니다. 사과에 집중해보겠습니다.

자세히 보니 찌그러진 것 같기도 하고 과연 잘 그린 건가 싶기도 합니다. 천에 가려져 처음에 알아채지 못했는데, 테이블 양옆의 높이도 맞지 않습니다. 도대체 이 그림이 어떻게 현대미술을 탄생시켰다는 걸까요? 심지어 세잔은 생전 "사과 하나로 파리를 놀라게 해주겠다"라고 공언했습니다.

그의 이야기 속으로 들어가보겠습니다.

Basket of Apples

사과 바구니

폴 세잔

1895

+ 억지로 선택한 길, 그리고 우울증

세잔은 1839년 프랑스의 엑상프로방스에서 태어났습니다. 아버지는 이탈리아에서 건너온 이민자의 후손이었는데요. 모자 가게를 경영해서 크게 성공했습니다. 나중에는 사설 은행을 설립할 정도로 많은 재산을 축적했습니다. 하지만 이민자 출신에 장사꾼이라는 이유로 다른 부르주아들로부터 은근히 무시를 당했습니다. 그런 탓에 아들이 법학을 공부해서 가문을 빛내주길 바랐습니다.

세잔은 중학생 때 인생에서 정말 중요한 인물을 만나게 되는데, 『목로주점』을 쓴 사실주의 소설가 에밀 졸라(Emile Zola)입니다. 이 둘은 '베스트 프렌드'였습니다. 아버지를 일찍 여의고 파리에서 온 졸라는 학교에서 괴롭힘을 당했고, 세잔이 그를 보호해주면서 우정이 시작됐습니다. 두 소년은 산책을 하거나 책을 읽으며 늘 함께했습니다.

졸업 후 졸라는 꿈을 향해 파리로 떠났습니다. 세잔은 화가가 되고 싶었지만 아버지의 소망에 따라 대학 법학부에 입학하게 되죠. 하

The Four Seasons
사계절
폴 세잔
1861

지만 공부에 집중할 수가 없었습니다. 그림을 그리는 시간이 점점 늘어났고 학교가 끝나면 미술 학원으로 향했습니다. 날이 갈수록 그림은 더욱 소중해졌고 화가가 자신의 천직임을 깨닫습니다. 당시 졸라에게 보낸 편지에는 괴로운 심정이 솔직하게 담겨 있습니다.

> 내가 택한 법 공부의 길은 너무 고통스럽다네. 내가 택한 것이 아니니까. 억지로 선택할 수밖에 없었으니까 말이네.

세잔의 초기작을 감상해보도록 하겠습니다. 사계절을 표현한 작품입니다. 세잔이 처음으로 판매한 그림이기도 합니다. 르네상스 시대의 그림을 따라 그린 것 같습니다. 화가의 꿈을 반대하는 아버지의 지원은 받지 못했지만 다행히 예술에 조예가 깊었던 어머니는 아들의 꿈을 지지했습니다. 하지만 방식이 달랐을 뿐 아버지 또한 아들을 지극히 사랑했습니다. 이 작품을 구입한 사람이 아버지였으니까요.

졸라는 학창 시절 세잔에게 받았던 고마움을 갚고 싶었습니다. 고민하는 세잔에게 자신이 정착을 도와줄 테니 파리에 와서 그림을 그리라고 설득합니다. 결국 세잔은 법학 공부를 중단하고 화가의 꿈을 이루기 위해 파리로 향합니다. 미술 아카데미에 등록하고 그림을 배우지만 파리 생활에는 쉽게 적응하지 못했습니다.

이 시기 그린 〈자화상〉은 조금 독특합니다. 세잔의 첫 자화상으로 알려져 있는데요. 꽤 많은 자화상을 보아왔지만, 그중에서 가장 험상궂은 자화상인 듯합니다. 세잔의 자화상은 굳어 있는 표정이 흔한데, 이 작품은 특히 표정이나 눈매에 불만이 가득해 보입니다. 마치 아버지의 반대와 파리 생활에 적응하지 못하는 고통이 담겨 있는 것 같기도 하고요.

결국 그림이 뜻대로 되지 않자 자신은 재능이 없다며 좌절합니다. 사실 세잔은 첫 번째 파리 생활을 금방 포기하고 고향으로 돌아갑니다. 아버지의 제안으로 은행에서 잠시 일을 하기도 하죠. 하지만 화가의 꿈은 도저히 접히지 않았습니다. 아버지는 그런 아들이 못마땅했지만 무조건 말릴 수만은 없었지요. 결국 세잔은 다시 파리로 가서 두 번째 파리 생활을 시작합니다.

Sief-Portrait
자화상
폴 세잔
1861

마음을 다잡고 돌아온 세잔은 당시 권위 있는 전시회인 살롱전에 작품을 계속해서 출품합니다. 하지만 돌아오는 것은 혹평뿐이었습니다.

당시 그가 그린 〈납치〉라는 작품도 흥미롭습니다. 남자가 여인을

The Abduction
납치
폴 세잔
1867

안고 숲속으로 들어갑니다. 여자는 몸이 축 늘어져 있습니다. 숲은 길이 안 보일 정도로 어둡고 빛 한 줄기 들어오지 않습니다. 당시 세잔의 작품은 음울하고 비참한 주제가 많았습니다. 그림이 너무 어둡고 인물의 비율이 이상하며 전체적으로 추하다는 평이 대부분이었습니다. 세잔은 살롱전을 단 한 차례도 통과하지 못한 채 30대를 맞이합니다. 쉽게 상처받고 경계심이 많았던 세잔은 다른 화가들과 어울리지도 못했는데요. 자신의 그림을 알아주지 않는 것에 절망하며 우울증을 겪기도 했습니다. 다행히 그의 재능을 처음으로 인정해준 사람이 나타납니다. 인상파 화가 카미유 피사로(Camille Pissarro)였습니다.

+ 성실한 관찰의 힘

피사로는 세잔의 재능을 칭찬하고 그림을 알려주었습니다. 피사로와의 만남은 세잔의 마음에 안정감을 되찾아주었는데요. 이후 '위대하고 겸손한 피사로'라 부르며 그를 스승으로 생각했습니다. 피사로는 세잔의 그림이 어둡다며 인상주의 기법을 알려주었고 원색을 사용할 것을 권유했습니다. 이후부터 세잔의 그림은 우울한 풍경이나 난해한 주제에서 벗어나 밝은 자연을 담게 됩니다.

1873년에 그린 풍경화를 보겠습니다. 제목은 〈페르 라크루아의 집〉입니다. 피사로와 함께 있으면서 그린 작품인데요. 단번에 그림이 밝아졌다는 게 느껴집니다.

피사로는 '자연을 주의 깊고 성실하게 관찰할 것'을 강조했습니다. 예술가라는 말은 관찰하는 사람이라는 말과 크게 다르지 않음을 우리는 이미 잘 알고 있습니다. 시도, 무용도, 음악도 시작은 관찰이지요. 그 바라봄이 얼마나 심오하고 날카로운지가 관건입니다.

피사로의 가르침은 세잔이 자연을 깊이 관찰하고 자연의 본질을 발견하는 데 큰 영향을 주었습니다. 이 과정을 통해 중요한 한 가지를

The House of Père Lacroix in Auvers

페르 라크루아의 집

폴 세잔

1873

발견하는데요. 빛에 의해 순간순간 변화하는 자연의 인상을 그리는 인상파와 달리, 자신이 관찰한 자연에는 변화하지 않는 견고한 본질이 있다는 것입니다. 이 생각은 세잔의 말년 예술관에 커다란 영향을 미칩니다.

세잔은 피사로와 함께 인상주의 전시회에 참여합니다. 그중 굉장히 특이한 그림이 있습니다. 혹시 19세기에 가장 많은 비난을 받은 그림, 마네의 〈올랭피아〉를 기억하시나요? 세잔은 이 〈올랭피아〉를 재해석한 그림을 출품했습니다. 〈현대적 올랭피아〉입니다.

마네가 자신이 그린 작품 속 모델 앞에 앉아 있습니다. 세잔은 마네에 대한 경의를 담았다고 합니다. 하지만 마네는 이 작품을 보러 오지도 않았고 탐탁잖아 했습니다. 몇몇 인상주의자들은 세잔의 그림이 자신들과 맞지 않다며 비난하고 나서기도 했습니다. 세잔 또한 인상주의 화가들을 만나면서 도움을 받았지만, 인상파 미술만으로는

A Modern Olympia
현대적 올랭피아
폴 세잔
1873

충분하지 않다고 생각했습니다. 루브르 박물관에서 거장들의 작품을 분석하는 것도 게을리 하지 않고 자신만의 독창적인 미술을 구축해 나갔습니다.

세잔은 용기를 내 인상주의 세 번째 전시회에 출품을 했습니다. 하지만 안타깝게도 그를 기다린 것은 더 큰 비난이었습니다. 당시 출품작은 〈빅토르 쇼케의 초상〉입니다. 빅토르 쇼케는 미술품 수집가였습니다. 당시 한 평론가는 세잔의 작품을 보며 "임산부와 함께 전시회에 왔다면 세잔의 남자 초상화는 빨리 지나치기 바란다. 그 머리와 구두 색깔은 너무 기괴해서 임산부에게 충격을 줄 것이다"라며 비난했습니다.

이후 큰 상처를 받은 세잔은 다시는 출품하지 않겠다고 다짐하며 소란스러운 파리를 떠나 고향에 머물면서 그림을 그리고자 했습니다. 친구 에밀 졸라마저 의지가 약해서 피하는 것이라며 세잔을 좋지 않게 여겼습니다. 세잔이 아버지의 금전적 지원이 없어 어려울 때 경제적으로 도와준 것도 졸라였기에 실망이 더 컸던 모양입니다.

결국 이 둘의 우정에도 금이 가고, 얼마 뒤 완전히 결별하는 사건이 발생합니다. 당시 졸라가 쓴 『작품』이라는 소설 때문이었습니다. 이 소설의 주인공 '랑티에'는 큰 야망을 가진 화가입니다. 하지만 계속되는 실패에 좌절하고 결국 자살로 생을 마감하는 실패한 예술가로 그렸지요.

세잔은 소설 속 주인공을 본인이라고 생각했습니다. 실제로 당시 많은 사람들이 그렇게 생각했습니다. 심한 모욕감을 느낀 세잔은 졸라에게 마지막으로 정중한 편지를 보내고 결별합니다.

Portrait of Victor Chocquet, Seated

빅토르 쇼케의 초상

폴 세잔

1877

+ 순간이 아닌 영원을, 현상이 아닌 본질을

세잔은 파리를 떠나 고향에 정착합니다. 당시 사람들은 떠나는 세잔을 패배자 취급했고 실패한 화가라며 조롱했습니다. 설상가상으로 같은 해 아버지가 세상을 떠납니다. 파리 화단에서 겪은 아픔과 아버지의 죽음은 그를 오롯이 그림 속에 침잠하게 합니다. 세잔은 자신이 찾고자 했던 예술 실험을 계속해서 이어갑니다.

세잔은 많은 재산을 물려받아 편하게 즐기며 살 수 있었습니다. 하지만 마치 세속에는 관심 없다는 듯 수도승처럼 자신의 예술에만 천착하고 끊임없이 연구를 거듭했습니다. 비난과 좌절과 고통을 새로운 창조로 변모시켰죠.

그의 무기는 관찰이었습니다. 관찰은 니체가 『즐거운 지식』에서 말한 그 '은밀한 탈출구'가 되어주기에 충분했습니다.

세잔은 고향에서 같은 주제를 끊임없이 반복해서 그리는데요. 자신의 눈으로 본 세상을 정확하게 표현할 방법을 찾기 위해서였습니다. 세잔은 본질과 진실을 그리기 위해 같은 주제를 관찰하고 또 관찰했습니다.

나는 내 영혼의 가장 깊은 곳으로부터 불행과 병, 그리고 내 안에 존재하는 불완전한 것들을 기쁜 마음으로 맞이합니다. 왜냐하면 이와 같은 것들은 나의 고질적인 습관들로부터 나를 탈출시킬 백 가지 은밀한 탈

출구를 선사하기 때문입니다.

_ 니체, 『즐거운 지식』 중에서

+ 예술가들이 세상을 보는 법을 바꾸다

당시 세잔이 주로 이용한 것이 사과였는데요. 너무 오래 관찰하며 그리다 보니 썩어나가는 사과도 많았다고 합니다. 사과를 많이 그린 이유도 과일 중 그나마 늦게 썩는 과일이기 때문이었답니다. 세잔은 사과를 관찰하고 또 관찰합니다. 고개를 조금만 돌려도, 눈을 깜빡이기만 해도 사과는 달리 보였습니다. 여기서 세잔은 중요한 한 가지를 발견합니다.

바로 서양미술에서 가장 중요한 요소였던 원근법이 가짜라는 것이었습니다. 그때까지 화가들은 자연의 모습을 캔버스에 옮기기 위해 고정된 시점으로 원근법을 이용했습니다. 그런데 원근법이 가짜라뇨? 사실 원근법은 카메라의 시선입니다. 사람의 눈은 한곳에 고정한 채 흔들림 없이 세상을 바라보지 않습니다. 우리가 의도하지 않아도 눈은 끊임없이 움직이며 세상을 여러 각도로 보고 뇌에서 정보를 취합하는 것이죠. 세잔은 시간을 두고 테이블 주위를 돌면서 눈에 들어오는 서로 다른 장면을 한 화면에 그려나갔습니다. 즉 사과를 여러 시점으로 그려나갔던 겁니다. 그럼 처음 봤던 작품 〈사과 바구니〉를 다시 볼까요.

먼저 왼쪽 과일 바구니를 자세히 보시기 바랍니다. 그림이 그려

Apples
사과들
폴 세잔
1878

진 시선으로 보자면 옆이 보여야 하는데 속이 보입니다. 즉 과일 바구니는 위에서 본 시점입니다. 병은 묘하게 기울어져 있습니다. 오른쪽 접시는 옆에서 본 시점입니다. 사과들은 서로 다른 각도로 그려져 있습니다. 좀 어렵습니다. 그럼 하단 테이블 가장자리를 쭉 연결해보겠습니다. 흰 천 때문에 잘 안 보이지만 틀어져 있다는 것을 확인할 수 있습니다. 다른 높이에서 본 것입니다. 시선이 모두 달랐던 거죠.

다른 작품도 살펴보겠습니다. 〈사과와 오렌지〉입니다. 쉽지 않지만 하나하나의 시선을 찾아보길 바랍니다. 이번엔 소파에 하얀 천이 깔려 있습니다. 그 위에 접시들이 있고 그 위에 사과와 오렌지가 있습

Apples and Oranges
사과와 오렌지
폴 세잔
1895~1900

니다. 중앙 접시 위의 오렌지는 옆에서 본 시점입니다. 그 왼쪽의 접시는 묘하게 기울어져 있으니 위에서 본 시점이죠. 천 위에 놓인 사과는 곧 굴러 떨어질 것 같습니다. 세잔 특유의 붓 터치로 그려진 사과들은 먹음직스럽다기보다는 견고하고 묵직한 느낌을 줍니다.

+ 자연은 원통, 구, 뿔로 이루어져 있다

세잔이 고향에서 사과와 함께 집착한 주제가 또 있습니다. 과거 인상주의 그림을 보며 깨달은 것과 관련이 있죠. 순간순간 변화하는 빛의 인상을 포착하는 것만이 정답이 아니다! 거기서 더 나아가면 자연에도 변하지 않는 견고한 본질이 있다! 세잔은 바로 심오한 그것을 발견하고 싶었습니다.

세잔은 고향 마을에서 보이는 '생트 빅투아르산'을 관찰하며 그렸습니다. 이 그림을 보면 견고해 보이면서도 단순하게 표현되어 있습니다. 세잔은 자연을 깊이 관찰하면서 모든 외형 속에는 단단한 본질이 있고 그것을 단순화하면 기하학적 형태가 된다는 것을 발견합니다. 그리고 결국 모든 것의 원형은 '구(球), 원통, 원뿔'로 귀착된다는 법칙을 발견했습니다.

그 법칙이 적용된 그림이 바로 〈생트 빅투아르산〉 시리즈입니다. 사실 저도 세잔의 그림을 설명하는 게 가장 어려웠습니다. 조금 쉽게 설명해보면 이렇습니다. 색에는 3원소가 있는데, 빨강, 파랑, 노랑이죠. 빛의 3원소는 빨강, 파랑, 녹색입니다. 한편 형태의 3원소는 구, 원통, 원뿔입니다. 예를 들면 산을 단순화해 표현해보라 하면 누구나 삼각형이나 원뿔을 떠올리는 것처럼 말입니다. 그리고 빛과 색의 3원소로 수많은 색을 만들어낼 수 있듯이, 형태의 3원소로 오만 형태를 만들 수 있다는 것입니다.

한 점 더 감상해보겠습니다. 세잔의 빅투아르산 연작들을 보고

Mont Sainte-Victoire
생트 빅투아르산
폴 세잔
1895

있으면 뭔가 또렷하지 않지요: 마치 그림이 흔들려 보이는 것 같습니다. 전통적인 원근법은 사라지고 앞서 말했던 여러 시점을 적용해 그렸기 때문입니다. 자연 속 산, 건물, 나무는 아주 단순하게 표현되어 있습니다. 이렇게 세잔은 인상주의를 넘어섰을 뿐만 아니라 원근법에 의존한 미술 전통 자체를 뒤흔들었습니다.

Mont Sainte-Victoire
생트 빅투아르산
폴 세잔
1904~1906

+ 마침내, 미래를 열다

세잔은 그 작업을 계속 반복하며 그림에만 몰두하는데요. 놀라운 일이 벌어집니다. 50대에 이르자 드디어 그의 진가를 알아본 화상과 화가 들이 세잔을 찾아오기 시작한 거죠. 고향에서 그림을 그리던 세잔은 아이러니하게도 자신이 떠나온 파리에서 명성이 계속 높아지고 있었습니다.

그림 속 세잔의 발견을 알아보는 사람들이 나타난 것입니다. 바로 세잔의 그림에서 미래를 본 젊은 화가들이었습니다. 멀리까지 스스로 찾아와 존경을 표했는데요. 세잔은 그럴 때면 자신은 아직 이룬 것이 없다며 겸손히 말했습니다.

세잔에게 인생이란 그림이었습니다. 그렇게 인생을 그리던 어느 날, 세잔은 야외에서 그림을 그리던 도중 강한 비바람을 만나, 의식을 잃고 쓰러지고 맙니다. 황급히 마차에 실려 집으로 돌아왔지만, 결국 그때의 감기는 폐렴으로 이어졌고 세잔은 세상을 떠나게 됩니다.

세잔이 세상을 떠나고 대규모 회고전이 열립니다. 그곳에 찾아온 피카소는 그림을 보고 충격에 빠지죠. 그리고 세잔의 그림에 영감을 받아, 20세기 최고의 걸작이라 불리는 〈아비뇽의 여인들〉을 완성하며 '큐비즘'을 탄생시켰습니다. 피카소는 세잔을 자신의 '유일한 스승'이라 칭송했습니다. 또한 세잔은 마티스의 '야수파' 탄생에도 영향을 주었습니다.

세잔의 그림은 그렇게 20세기에 등장하는 다양한 사조에 영향을 주었고, 마침내 현대회화의 문을 활짝 열었던 것입니다. 미술의 흐름을 바꾼 사과! 세잔은 실패자라는 조롱에도 자신의 신념을 굽히지 않았습니다. 천천히 꾸준히 나아가 결국 세상의 평가를 역전시켰습니다. 완성하는 데 무려 6년이나 걸린 사과 정물도 있다고 합니다. 끈질기게 관찰하고 노력하는 자세는 그를 세계적인 화가로 만들기에 충분했습니다.

우리는 목표를 너무 빨리 포기해버리는 건 아닐까요? 인내의 화가 세잔의 삶은 말합니다. 자신의 생각에 확신이 있다면 포기하지 말라고요. 포기하는 순간, 어쩌면 그다음 한 번의 삽질이 성공을 퍼낼

Self-Portrait
자화상
폴 세잔
1895

수도 있습니다. 막힌 길인 줄 알았는데 막상 저 끝까지 가보면 옆으로 길이 나 있을 수 있습니다. 벽도 밀어 눕히면 다리가 됩니다.

여러분도 자신만의 사과를 발견하길 바랍니다. 인내의 열매는 사과보다 달콤할 것입니다.

제6화 앙리 루소

나만 뒤처지는 것 같아 불안한 당신에게

Vincent van Gogh
Edouard Manet
Pierre Bonnard
Edgar De Gas
Paul Cézanne
Henri Rousseau
Suzanne Valadon
William Turner
Wassily Kandinsky
Auguste Renoir
Edvard Munch
André Brasilier

Henri Rousseau

–

1844~1910

"꿈을
위해서라면
조금 늦어도
괜찮아."

우리 들어가서 다시 한 번 춤을 추자.

반짝이는 꿈의 마루에서.

_ G. 에이킨

우리는 종종 타인의 시선, 주변의 조롱이 무서워서 내가 정말 하고 싶은 것과 좋아하는 것을 당당히 말하지 못합니다. 비웃음이나 비난이 두려워 평생을 억누르며 살아가기도 하죠. 그리고 체념합니다. 세월은 야금야금 소중한 것을 훔쳐가니까요. 마음까지도 말입니다.

그런데 이 화가는 무려 40대의 나이에 붓을 들었습니다. 그보다 100년을 먼저 태어나 살다 간 프랑스의 문학가이자 사상가 장 자크 루소(Jean Jacques Rousseau)가 『에밀』에서 말했던 야심의 40대는 아닙니다. 오히려 과자를 좋아하는 10대를, 연인을 사랑하는 20대의 마음을 닮았습니다.

그의 대표작 〈꿈〉입니다. 밀림의 한 장면이죠. 왼쪽 소파에는 누드의 여성이 등장합니다. 아마 이 여성의 꿈속인 것 같습니다. 중앙에는 사자 두 마리가 있는데요. 자세히 보면 그 뒤에 한 남성이 피리를 불고 있습니다. 나무 위에 원숭이도 있고 코끼리도 보이네요.

The Dream

꿈

앙리 루소

1910

앙리 루소

그림이 뭔가 좀 어색합니다. 인물의 비율도 그렇고 색채는 원색을 그대로 썼고, 원근과 명암도 맞지 않는 것 같습니다. 마치 어린아이가 그린 것 같기도 합니다. 그래서 순수하고 신비한 매력도 있습니다. 제목 그대로 꿈속에서 만날 법한 장면입니다. 소박하고 유치해 보이지만 볼수록 매력이 느껴집니다.

이 작품의 작가는 앙리 루소(Henri Rousseau)입니다. 사진을 볼까요? 그림 앞에 붓을 들고 앉아 있는 모습이 사뭇 진지해 보입니다. 특유의 콧수염이 인상적이죠.

루소는 가난한 형편으로 40대가 되어서야 자신이 원하던 그림을 시작할 수 있었습니다. 생전 그는 지난날을 이렇게 회고했습니다.

부모님의 형편이 넉넉하지 못했기 때문에 재능을 따르기보다는 다른 길을 갈 수밖에 없었다. 수없이 많은 좌절을 겪은 후인 1885년이 돼서야 화가의 길로 들어설 수 있었다.

마음이 소리치는 바람을 외면하고 자기 이외의 다른 인간이 되고자 하는 것, 그리고 그렇게 살아야 하는 것만큼 슬픈 일도 없을 것 같습니다.

자신에게 거짓을 말해야 했던 시간은 얼마나 괴로웠을까요? 과연 그에게는 어떤 사연이 있었던 걸까요? 화가의 꿈이 얼마나 간절했던 걸까요? 늦깎이 화가이자 '일요화가(日曜畫家)'라 불렸던 앙리 루소, 그의 이야기 속으로 들어가보겠습니다.

+ 간절함을 간직하다

앙리 루소는 1844년 프랑스에서 태어났습니다. 아버지는 가난한 배관공이었죠. 경제적으로 어렵게 지내야 했지만 그는 부모님을 사랑했습니다. 학창 시절 드로잉과 노래에 소질을 보였는데요. 그림에 본격적으로 흥미를 느낀 건 군 생활 때였습니다. 여유가 생길 때면 취미 삼아 그림을 그렸습니다. 그때부터 마음 한구석에 화가라는 꿈이 싹트기 시작했습니다. 길 것만 같았던 군 생활은 예상치 못한 사건과 함께 일찍 마무리되었습니다. 안타깝게도 군 생활 중 아버지가 세상을 떠났고, 혼자 남게 된 어머니를 부양하기 위해 제대하게 된 것입니다. 훗날 중년이 된 루소가 아버지를 떠올리며 그린 작품에는 그리움과 존경, 사랑이 느껴지는데요. 루소가 그린 〈화가의 아버지〉입니다.

푸른 하늘, 구름 속에 아버지가 나타났습니다. 루소는 형식에 얽매이지 않고 자유롭게 그리는 게 특징인데요. 돌아가신 아버지를 꿈속에서 만난 걸까요. 옆모습의 인물화는 그 사람의 권위나 영향력

Portrait of the Father of the Artist
화가의 아버지
앙리 루소
1905

을 나타낼 때 주로 쓰는 구도입니다. 아버지를 그리는 마음이 느껴집니다.

루소는 전역 후 사랑하는 여성을 만나 일찍 가정을 꾸리고 본인도 아버지가 되었습니다. 가정을 책임지기 위해 안정적인 직장도 잡았습니다. 파리 도심에 들어오는 물건에 세금을 징수하는 일이었죠. 지루하고 반복적인 일이었지만 이후 20년을 넘게 다니며 성실하게 일했습니다.

그러면서도 마음 깊은 곳에 화가가 되겠다는 꿈을 항상 간직하고 있었습니다. 그런 루소가 본격적으로 붓을 들게 된 나이는 마흔 살

The Toll House
세관
앙리 루소
1890

이었습니다. 꿈을 꾸는 이에게 나이는 걸림돌이 아니었습니다.

루소는 한 번도 늦었다고 생각하지 않았습니다. 평일에는 일을 하고 주말에는 캔버스 앞에 앉아 그림을 그렸죠. 그림을 그리면 모든 것을 잊고 빠져들었습니다. 거장들의 그림을 배우기 위해 루브르 박물관에서 그림을 베껴 그릴 수 있는 모사 허가증도 받았습니다. 독학으로 공부해야 했기에 틈만 나면 미술관에 가 거장들의 작품을 따라 그렸습니다. 루소의 초기작 중 한 점을 감상해보겠습니다.

〈세관〉은 평온함이 느껴지는 루소의 직장 풍경을 담고 있습니다. 돌담, 울타리, 사이프러스 나무가 평화롭습니다. 문은 열려 있고 검문하는 사람은 병정인형처럼 서 있습니다. 마치 시간이 멈춘 것 같습니다.

이곳은 루소가 무려 22년의 공무원 생활을 했던 장소였습니다. 직장에서는 앉아서 기다리는 일이 많았습니다. 생각할 시간이 많았던 루소는 자신의 주변 환경을 관찰했습니다. 그림이 평평하고 어색해 보이는 건 해부학이나 원근법을 익히지 못했기 때문인데, 아무래도 독학으로는 한계가 있었던 모양입니다. 기본기가 쌓이지 않은 상태에서는 아무리 명화를 따라 그려도 실력이 크게 늘지 않았던 겁니다.

+ 스스로에 대한 믿음과 상상에 대한 확신

지금은 루소의 대표작이 된 당시의 작품을 볼까요. 〈카니발의 저녁〉입니다. 고요한 밤, 둥근 보름달이 떠 있는데요. 연미복을 입은 연인은 팔짱을 끼고 데이트를 즐기고 있습니다. 그런데 이 풍경 매우 묘합니다. 몽환적이라고 할까요?

일자로 배치된 풍경과 인물들, 세세하게 하나하나 그려진 나뭇가지, 그리고 마치 구름과 하늘이 분리된 것 같은 풍경. 일반 화가들이 아카데미에서 정석대로 배우게 되는 테크닉이 없었던 루소는 그저 자신이 느끼는 대로 따라 그렸습니다. 그러다 보니 자신만의 독특한 분위기의 그림이 탄생하게 된 것입니다.

Carnival Evening

카니발의 저녁

앙리 루소

1886

당시 파리에는 루소처럼 무명화가들을 위한, 심사가 없고 누구나 자유롭게 참가할 수 있는 살롱 데 앙데팡당(Salon des Indépendants)이 있었습니다. 심사가 엄격한 살롱전과는 달리 참가비 단 15프랑만 내면 어떤 그림도 가능했죠. 루소는 이 작품을 출품했습니다.

이 작품이 공개됐을 때 관객들 반응이 어땠을까요? 다들 예상하셨겠지만 루소의 작품은 평가조차 제대로 받지 못했습니다. 비웃음과 모욕뿐이었죠. 오죽하면 눈물이 날 정도로 웃다가 돌아가는 사람들도 있었다고 합니다. 당시 이 작품에 쓰인 기사 내용을 볼까요.

> 변장한 흑인 남자와 흑인 여자는 작은 카페가 있는 숲속에서 길을 잃었다. 전혀 밝게 비추지 않는 매우 둥글고 빛나는 달 아래에서 펼쳐지는 카니발의 저녁이다.

무미건조하고 부정적이죠. 한마디로 그 시대의 눈으로 볼 때 루소의 그림은 엉터리였습니다.

그런데 그럼 당시 다른 화가들의 그림은 어땠길래 그런 반응이었을까요? 역시 그 차이를 구분하는 데는 비교가 가장 좋겠죠. 당시 미술계에는 인상주의의 그림자가 남아있었습니다. 그들은 '빛은 곧 색이다.'라는 신념으로 자연을 바라보면서 빛에 따라 순간순간 변화하는 자연의 인상을 쫓았습니다. 아직 많은 화가들이 이 인상주의 화풍을 따르던 시기였습니다.

그럼 같은 시기 인상주의 화가 구스타브 카유보트의 작품 〈쁘티 젠빌리에에서 산책하는 리처드 갈로와 강아지〉를 볼까요? 부유한 집

Richard Gallo and his Dog at Petit Gennevilliers
쁘티 젠빌리에에서 산책하는 리처드 갈로와 강아지
구스타브 카유보트
1884

안에서 태어난 카유보트는 인상파 화가들의 작품을 구입하는 수집가이기도 했는데요. 그는 파리 부르주아들의 일상과 산책하는 모습을 캔버스에 담았습니다. 그중 공원의 모습은 인상주의 회화에서 자주 등장하는 소재였습니다. 파리에 많은 공원들이 조성되었고 중산층 시민들이 여가를 위해 즐겨 찾던 공공장소였습니다. 화가들은 그들의 여유로운 모습을 보며 캔버스에 담았습니다.

어떠신가요? 저 물의 표현을 보세요. 반사된 건물들까지 실제 물을 보는 것 같죠. 〈이에르의 카유보트 박물관 공원〉도 마찬가지지요.

The Park on the Caillebotte Property at Yerres
예르의 카유보트 소유의 정원
구스타브 카유보트
1884

인물의 비율도 루소의 작품과는 달리 아주 사실적입니다. 그때의 분위기가 현실적으로 다가오죠.

루소가 그린 인물화를 보면 차이는 더욱 두드러집니다. 〈인형을 들고 있는 아이〉를 살펴보겠습니다. 빨간 원피스를 입은 아이가 인형을 들고 있습니다. 솔직히 뭔가 이상하긴 합니다. 얼굴은 너무 크고 목이 없습니다. 왼팔과 오른팔의 두께도 다릅니다. 얼굴은 자세히 보면 마치 아저씨 같습니다. 가장 난감한 점은 '대체 왜 수염 자국이 있을까?'입니다. 루소의 인물화에는 정확한 비율, 원근법이 적용되지 않았습니다. 평평한 화면에 마치 거인이 들어앉은 것 같지요. 세간의

The Girl with a Doll

인형을 들고 있는 아이

앙리 루소

1904~1905

박한 평가를 이해할 수 있을 것 같습니다.

무소는 수 세기 동안 서양미술이 추구해왔던, 이뤄왔던 모든 성취를 따르지 않았습니다. 서양미술은 르네상스 시기부터 이 세상을 캔버스에 완전히 재현할 수 있기를 꿈꿨습니다. 그리고 그것을 위해 개발된 것이 원근법과 명암이었죠. 하지만 루소는 자신의 의도를 떠나 그 모든 것을 무시하고 자신만의 시각으로, 그 순수함으로 그림을 그려나갔습니다. 루소는 어떤 미술 운동에도 참여하지 않고 자기만의 길을 갔던 것입니다. 스승도 없었습니다. 오직 눈앞의 자연만이 그의 스승이었습니다.

그런데 여기에 주목해야 할 사실이 있습니다. 순수한 예술작품일수록 작가의 인간적인 면모가 더 솔직하게 투영된다는 것입니다. 배운 적이 없기에, 배운 척하지 않기에, 아는 척하지도 않기에, 정답인지 아닌지를 선험적으로 판단하지 않고, 마음속에 있는 것을 그대로 그려냅니다. 그를 지탱한 힘은 오직 스스로에 대한 믿음과 그가 상상한 세계에 대한 확신이었으리라 생각합니다. 그래서 루소에 대한 공통적인 평가는 '다르다'라는 것이었습니다. 이 '다름'이 결국 루소만의 '매력'을 만들어준 것입니다.

사람들은 루소를 '일요화가'라 불렀습니다. 이 표현에는 조롱의 의미가 담겨 있었죠. 평일에는 생계를 위해 일하고, 일요일에만 그림을 그리는 사람이라고 낮잡아 부르는 말이었습니다.

사람들은 "말단 공무원이 무슨 그림이야!" 하며 놀려댔습니다. 루소는 평단의 조롱에도 꾸준히 출품했습니다. 가끔 작품 앞에서 관람객이 한참을 웃다가 발길을 돌리기도 했습니다. 그 싸늘한 현실을 지켜봐야 했던 루소의 마음이 어땠을지 조금 씁쓸하기도 합니다. 하지만 루소에겐 타인의 시선보다 더 중요한 것이 있었습니다. 그는 꿈을 향해 전진하는 중이었으니까요.

+ 순수한 원시인의 탄생

그럼 이쯤에서 그가 그린 자화상을 볼까요. 제목은 〈풍경 속의 자화상〉입니다. 화면 중앙에 거인처럼 루소가 서 있습니다. 검은 양복을 차려입고 베레모를 쓰고 붓과 팔레트를 들고 있네요. 팔레트에는 부인 이름이 새겨져 있습니다. 배경 왼쪽을 자세히 보면 에펠탑이 보이는데요. 예술의 도시 파리의 화가임을 증명하고 있습니다. 오른쪽 하늘엔 열기구도 날아갑니다. 열기구보다 루소가 더 높이 솟아 있고요. 늦깎이 화가의 자부심이 느껴지지 않나요? 더 재미있는 부분이 있습니다. 왼편 길가에 사람들이 걸어가는데 루소에 비하면 너무나도 작게 그려졌습니다. 루소의 발은 공중에 떠 있는 것처럼 어색합니다.

화면을 가로지르는 다리 앞에는 만국기가 걸린 배가 보입니다. 1889년 열렸던 파리 만국박람회를 상징합니다. 당시 프랑스 혁명 100주년을 기념해 열린 만국박람회는 당대의 기술 진보를 보여주고 여러 나라들이 참가해 각자의 문화를 소개했습니다.

루소는 특히 타히티와 아프리카 등 새로운 문화와 풍경에 관심을 보였는데요. 특히 열대식물의 매력에 푹 빠져들었습니다. 외국 여

Self Portrait from L'ile Saint Louis

풍경 속의 자화상

앙리 루소

1890

행을 한 번도 가본 적 없던 루소에겐 그 이국적 풍경들은 충격이자 영감의 원천이 되었습니다. 상상력을 자극했죠. 이후 작품에는 열대 우림이 자주 등장합니다.

이 작품은 26점의 정글 작품 중 첫 작품입니다. 〈놀람〉은 마치 요즈음의 일러스트 같기도 합니다. 제목도 그렇고 내용도 참 재밌습니다. 호랑이 한 마리가 숲속에서 깜짝 놀란 표정을 짓고 있습니다. 몸은 놀라 움츠러들었고요. 자세히 보면 나뭇잎들이 옆으로 휘날리고 있는데, 비와 함께 바람이 강하게 부는 걸 보니 폭풍 속에서 천둥이 쳐서 깜짝 놀란 것 같습니다.

루소는 만국박람회에서 아프리카 열대 우림을 본 후 식물원을 드나들며 연구했습니다. 사실 이런 매력을 느낀 것은 루소만이 아니었습니다. 인터넷도 없던 시절 먼 나라들의 이국적 풍경은 다른 예술가들에게도 신선한 자극이었습니다. 그들은 너 나 할 것 없이 신기한 식물과 동물을 그렸습니다.

루소는 이렇게 말했습니다.

> 내 작업 방식에 대해 당신이 어떻게 생각하는지 모르겠습니다. 하지만, 이런 온실(hothouse)에서 먼 이국의 낯선 식물을 보고 있노라면 마치 꿈을 꾸고 있는 것만 같습니다. 내가 아주 다른 사람같이 느껴집니다.

루소의 후기 작품 〈고릴라와 인디언의 싸움〉은 제목 그대로 붉은 달이 뜬 숲속에서 고릴라와 인디언이 싸우고 있습니다. 심각하기보다 꼭 만화의 한 장면 같습니다. 저 모습을 보세요. 절로 웃음이 터지

Tiger in a Tropical Storm (Surprised!)
놀람
앙리 루소
1891

Tropical Landscape: American Indian Struggling with a Gorilla
고릴라와 인디언의 싸움
앙리 루소
1910

지 않나요? 귀엽기도 하고요. 어떤 화가가 고릴라와 인디언의 싸움을 이렇게 그릴까요? 이런 순수함이 루소의 매력입니다. 참고로 루소는 파리를 떠나본 적이 없습니다. 진짜 밀림을 본 적이 없지요. 식물원에서 열대식물을 관찰했고 동물들은 박제된 야생동물을 관찰했습니다. 그 후 자신만의 상상으로 완성한 작품이죠. 루소는 "이국의 낯선 식물들을 보면 꿈을 꾸는 듯 행복해진다"라고 했습니다. 순수를 잃지 않는다는 것은 정말 커다란 아름다움이자 무엇보다 강력한 무기인 것 같습니다.

루소는 세상을 떠나기 몇 달 전에도 낯선 이국의 열대를 그렸습니다. 〈원숭이가 있는 열대 우림〉이 그것입니다. 원숭이들이 나무에 매달려 놀고 있고 물가의 원숭이는 막대기를 들고 고기를 잡으려 합니다. 강렬한 색채 대비가 시선을 단번에 사로잡습니다. 미국 애니메이션 〈마다가스카〉에 영감을 불러일으킨 작품으로도 유명합니다.

+ 손과 머리와 마음이 한 몸을 이루다

루소는 1893년, 49세에 큰 결심을 하는데요. 그림에만 전념하기 위해 세관을 그만두게 됩니다. 비로소 그 유명한 예술 평론가 존 러스킨(John Ruskin)의 말처럼, "손과 머리와 마음이 한 몸"을 이루기로 마음을 먹은 것입니다.

예상대로 전업 작가의 길이 순탄하지만은 않았습니다. 가끔 생계를 위해 집에서 회화 레슨을 하거나 거리에서 바이올린 연주를 하기

Tropical Forest with Apes and Snake

원숭이가 있는 열대 우림

앙리 루소

1910

War or the Ride of Discord
전쟁
앙리 루소
1894

도 했습니다. 열정이 대단하죠. 그리고 놀랍게도 그의 작품이 주목받는 순간이 찾아오고야 맙니다.

바로 이 작품 〈전쟁〉 때문입니다. 이 그림 앞에 처음 섰을 때 정말 특이한 그림이라 생각했습니다. 중앙에는 거대한 말을 탄 소녀가 보입니다. 한 손에는 칼, 다른 손에는 횃불을 들고 있고요. 아래에는

시체들이 즐비합니다. 그 위엔 까마귀가 앉아 있습니다. '전쟁'이라는 제목답게 처참한 광경입니다.

그런데 자세히 보면 이상한 점이 한두 군데가 아닙니다. 먼저 소녀의 머리를 볼까요? 저게 머리카락인지 목도리인지 검은 송충이 같은 이상한 것을 머리에 얹고 있습니다. 치아도 사람 같지가 않아요.

칼을 든 손을 보세요. 칼 모양이 이상한데 잡은 손 모양은 더 특이합니다. 저렇게 잡을 수 있을까요? 또 말을 타고 있다고 하기에도 애매합니다. 말에 붙어 있다는 표현이 더 정확합니다. 루소는 이 작품에 다음과 같이 설명을 붙여두었습니다.

> 전쟁, 그것은 공포를 일으키고 절망과 눈물과 파괴를 남긴다.
> 그녀는 사방에 절망과 눈물과 폐허를 남기고 무섭게 질주한다.

그림 속 주인공은 파괴의 화신이었나 봅니다. 사실 루소가 살던 시기 프랑스는 전쟁이 잦았습니다. 프로이센과의 전쟁도 있었고 '피의 일주일'이라 불리는 내전도 치러야 했습니다. 루소는 그때의 아픔을 사람들에게 일깨워주고 싶었던 것입니다. 하지만 늘 그랬듯 이 낯설고 독특한 그림은 조롱의 대상이 되었습니다.

이때 극적인 반전이 일어납니다. 이 그림이 공개된 이후 루소의 지원군이 생긴 것입니다. 당시 새로운 예술을 추구하는 젊은 예술가들이었습니다. 그들에게 루소의 그림들은 신선한 충격이었습니다. 말 그대로 '순수한 작품'이었던 것입니다. 전통이라는 굴레를 완전히 벗어난 순도 100퍼센트의 순수 말입니다. 젊은 예술가들은 "이전에 보았던 어떤 그림과도 다른 새로운 양식의 작품"이라며 루소의 〈전쟁〉을 칭찬했습니다.

루소의 진면목을 발견한 사람이 또 있습니다. 놀랍게도 '20세기 최고의 천재'라 불리는 파블로 피카소였습니다. 당시 피카소는 20대였고, 루소는 60대였습니다. 에너지가 넘치던 피카소는 기존 회화의

The Sleeping Gypsy
잠자는 집시
앙리 루소
1897

전통을 통째로 뒤집으려는 계획을 품고 있었습니다. 그런데 어떤 규칙에도 구애받지 않는, 마치 어린아이 같은 루소의 그림에서 커다란 영감을 얻게 됩니다. 피카소는 루소의 그림을 구입하고 당시 유명 예술가를 한데 모아 루소를 초청했습니다. 그리고 루소가 주인공인 파티를 열어줍니다. 세간의 조롱을 한 몸에 받던 노년의 일요화가는 그곳에서 모든 설움을 지워버리고 활짝 웃었습니다. 이후 조금씩 루소의 그림 속 신선한 분위기를 호평하는 비평가들도 나타납니다.

이 시기 루소의 작품 중 가장 창의적이고 환상적인 작품이 있습니다. 조금은 무미건조한 사막의 풍경인데요. 〈잠자는 집시〉입니다.

파란 밤하늘에 달이 떠 있습니다. 그곳에 한 집시 여인이 곤히 잠들어 있습니다. 여인의 표정에서는 평온함이 느껴집니다. 잠든 그녀 옆에는 만돌린과 물병이 있고요. 갑자기 사자 한 마리가 다가왔습니다. 그녀의 어깨 부근에 코를 대고 냄새를 맡죠. 꼬리를 들고 있지만 해치려는 마음은 없어 보입니다. 단순한 구성과 색감이지만 상상 속의 풍경은 마치 동화를 보는 것 같은 환상과 순수가 동시에 전해집니다.

+ 오랜 꿈을 위해서라면

처음 감상했던 그림을 다시 펼쳐보겠습니다. 이 작품은 루소가 세상을 떠나기 전 마지막으로 살롱 데 앙데팡당에 출품한 작품이었습니다. 한 비평가가 루소에게 정글 한가운데에 왜 소파와 여자가 있는지 물었더니 "여자가 긴 의자 위에서 자고 있다가 밀림으로 옮겨진 꿈을 꾸고 있기 때문이다"라고 대답했다고 합니다. 제목 그대로 환상적인 꿈의 한 장면이었던 것입니다.

루소는 이 작품을 그리기 위해 무려 50여 가지 초록색을 사용했습니다. 정글을 그린 작품 중에서도 그의 '마스터피스'라 할 만합니다. 이 작품이 전시되었을 때 시인 아폴리네르는 이렇게 호평했습니다.

반론의 여지가 없는 아름다움을 분출하는 그림이다. 올해는 아무도 비웃지 못할 것이다.

그해 66세의 나이로 루소는 세상을 떠났습니다. 루소의 그림을 소박파(素朴派) 혹은 유치파(幼稚派)라고 합니다. 꿈을 이루고 싶었던 늦깎이 화가의 그림에는 어린아이 같은 소박함과 순수함이 담겨 있었습니다. 그리고 포기하지 않고 꿈을 이루려는 노력은 결국 세상의 비웃음을 존경의 미소로 바꿔버린 것이죠.

하지만 우리는 타인이 살아가는 속도와 스스로를 비교하며 불안해합니다. 누구는 벌써 저렇게 성공했는데, 누구는 얼마나 번다는데, 비교는 끝이 없고 스스로를 깎아내립니다. 정작 중요한 것은 비교가 아니라 내가 좋아하는 것을 꾸준히 하는 것 아닐까요.

산다는 것은 바라는 일입니다. 삶은 목적하고 희망하는 것입니다. 꿈을 향해 서야 합니다. 눈치 보지 말고 나의 발끝이 가리키는 그곳을 향해 꾸준히 나아가야 합니다. 루소의 그림은 우리에게 분명한 목소리로 말하고 있습니다.

꿈을 위해서라면 조금 늦어도 괜찮아.

당장 손에 잡히지 않는다고 해서 환상은 아닙니다. 꿈이야말로 이 생을 살 만한 것으로 만들어주는 유일한 진실입니다. 덮어두고 미뤄둔 꿈이 있다면 다시 펼쳐보아야겠습니다. 그 옆에 루소의 그림 하나를 같이 떠올리면 좋을 것 같습니다.

제7화 수잔 발라동

비웃는 사람들의 코를 납작하게 만드는 법

Vincent van Gogh
Edouard Manet
Pierre Bonnard
Edgar De Gas
Paul Cézanne
Henri Rousseau
Suzanne Valadon
William Turner
Wassily Kandinsky
Auguste Renoir
Edvard Munch
André Brasilier

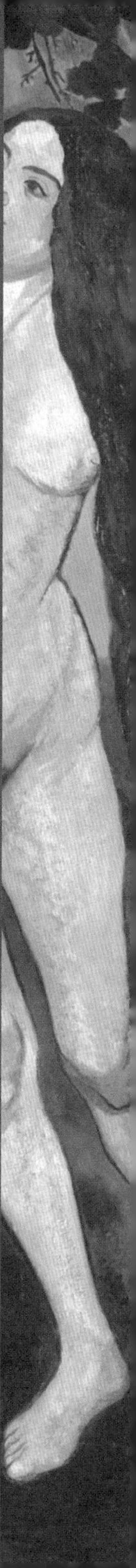

Suzanne Valadon

–

1865~1938

"프랑스
여자들도
그림을
그릴 수 있어."

화가들에 대해 공부하다 보면 한 가지 안타까운 것이 있습니다. 시간을 거슬러 올라갈수록 여성 화가를 찾아보기 힘들다는 점입니다. 그렇다 보니 여성 화가를 떠올리면 생각나는 이름이 극히 한정적입니다.

하지만 비록 소수일지라도 당대의 불합리를 극복하고 자신만의 시선으로 당당하게 그림을 그린 여성이 존재하고, 현재 그들의 그림은 재조명되고 재평가받고 있습니다. 그래서 이번에는 위대한 여성 화가의 이야기를 준비했습니다. 공부하면서 더 좋아하게 된 화가입니다. 인상파 그림을 좇아가다 보면 만날 수밖에 없는 이름, 바로 수잔 발라동(Suzanne Valadon)입니다.

그의 이력은 조금 독특합니다. 화가가 되기 전 인상파 화가들의 모델로 먼저 이름을 알렸습니다. 모델 시절의 발라동의 모습을 먼저 만나볼까요. 한때 연인 사이였던 르누아르가 그린 초상화 〈수잔 발라동〉입니다. 르누아르는 드레스를 입은 그녀를 피부는 뽀얗고 볼은 살짝 붉은 모습으로 그렸습니다. 전체적으로 솜사탕처럼 부드러운 느낌입니다. 현실의 걱정은 다 사라진 것 같습니다. 행복을 그린 화가 르누아르다운 그림입니다.

Suzanne Valadon
수잔 발라동
오귀스트 르누아르
1885

19세기는 여성이 사회활동을 하고 교육을 받기가 힘들었던 시절이었습니다. 게다가 발라동은 가난한 사생아로 태어나 수많은 불행을 견뎌야 했습니다. 그리고 발라동은 캔버스를 찢고 화가가 됩니다. 그런 인생을 생각해본다면 이 작품엔 아무래도 발라동의 겉모습만이 담긴 것 같습니다.

발라동이 직접 그린 자신은 사뭇 다릅니다. 전체적으로 비장함이

Self Portrait
자화상
수잔 발라동
1898

느껴집니다. 어두운 배경 앞에 입을 꾹 다물고 있는 모습에서는 불만 같은 것이 전해지는 듯하기도 합니다. 부드러움과 산뜻함은 사라지고 날카롭고 뚜렷합니다. 험난한 현실에서 강해져야만 했던 삶이 고스란히 드러납니다. 그는 진짜 본인의 모습을 그리기 위해 붓을 들었던 것일까요? 그의 사진과 함께 그의 삶으로 들어가보겠습니다.

+ 서커스,
저 무대 위의 주인공이 될 수 있다면

수잔 발라동은 1865년 프랑스에서 사생아로 태어났습니다. 세상에 나와 그에게 주어진 이름은 '마리 클레멘타인 발라동(Marie Clémentine Valadon)'이었는데요. '수잔 발라동'은 성인이 된 후에 개명한 이름입니다. 그의 어머니는 세탁부로 일하며 겨우 생계를 이어갔습니다. 가난한 사생아에게 밝은 앞날을 기대하긴 힘들었습니다. 어둠과 고난이 가득할 수밖에 없었죠. 특히 19세기 프랑스는 도시화와 산업화로 부익부 빈익빈의 양극화가 심화되었습니다.

상류층은 더욱 부유해졌고 하층민은 계속해서 가난의 구렁텅이로 빨려 들어갔습니다. 예술에 관심이 없는 분들이라도 '예술가의 언덕 몽마르트르'를 한번쯤 들어보았을 텐데요. 이름만 들으면 낭만적으로 느껴질 수 있지만 사실 그곳은 가난 때문에 거리로 쫓겨난 사람들이 하나둘 모이던 곳이었습니다. 그 유명한 카바레 물랭 루즈(Moulin Rouge)가 있는 곳이죠.

젊은 시절의 수잔 발라동

자신의 생계도 책임지기 힘들었던 어머니는 알코올 중독에 빠져 있었습니다. 발라동은 어린 시절부터 생활의 무게를 짊어져야 했습니다. 열 살을 갓 넘긴 후부터 상점이나 카페 점원, 혹은 재봉사나 세탁부로 일을 했습니다. 그런 힘겨운 나날을 이어가던 그의 마음을 사로잡은 것이 있었는데요. 바로 서커스였습니다.

〈서커스〉는 그녀가 화가가 된 후에 그린 작품입니다. 서커스장의 활기찬 분위기가 느껴집니다. 다양한 관객들이 눈에 들어옵니다. 어떤 사람은 공연에 푹 빠져 있고, 어떤 사람은 이제 막 급히 들어오고 있습니다. 무대에서는 곡예사들이 다양한 공연을 펼쳐 보입니다.

그녀는 처음 서커스를 보며 느꼈던 흥분과 놀라움을 평생 잊지 못합니다. 곡예사의 화려한 몸놀림과 그 모습에 감탄하며 박수를 보

The Circus
서커스
수잔 발라동
1889

내는 관객들의 열띤 모습은 황홀한 경험이었습니다. 처음으로 품은 그녀의 꿈은 '곡예사'였습니다. 삶의 변두리에 있어야만 했던 그녀에게 무대는 자신이 온전한 주인공이 될 수 있는 곳이라 여겨졌던 모양입니다.

무대의 주인공이 될 기회는 생각보다 빨리 찾아왔습니다. 공중곡예를 담당한 단원이 몸이 아파서 무대에 오르지 못하게 되었습니다. 그녀에게 기회가 온 것이죠. 이렇게 순탄하게 꿈을 이루게 되다니요. 꿈만 같았을 겁니다. 마치 영화 속에서나 나올 법한 일이 나에게도 일어난 것입니다. 짧은 행복이었지만 세상이 드디어 내 편이 되어주는 듯했습니다. 기대 속에 무대 위에 올랐습니다. 안타깝게도 그녀는 금방 좌절하게 됩니다. 공연을 하던 도중 추락해 사고로 허리 부상을 입었고 몇 주 지나 회복되지만, 다시는 곡예를 할 수 없었습니다.

그녀 나이 겨우 열다섯이었습니다.

참 순탄치 않은 삶이었습니다. 처음으로 꿈을 꾸며 살아갈 이유가 생겼지만 금방 포기할 수밖에 없었던 그녀는 몸에 생긴 상처보다 마음의 상처가 더욱 깊었을 겁니다. 그래서일까요. 화가가 된 뒤에도 그녀는 서커스 장면을 그리곤 했습니다. 그 안에서 멋지게 공연하는 자신의 모습을 떠올렸을까요. 훗날 화가로 인정받은 그녀는 회고합니다.

부상을 당하지 않았다면 서커스를 그만두는 일은 없었을 것입니다.

+ 몽마르트르의 뮤즈, 화가가 되다

문 하나가 닫히면 다른 문이 열린다고 합니다. 사람의 인생이란 예측할 수 없는 순간의 연속입니다. 발라동은 당시 화가들의 모델로 일하던 친구를 통해 모델 일을 소개받는데요. 처음 모델을 섰던 것은 1880년 화가 피에르 퓌뷔 드 샤반(Pierre Puvis de Chavannes)의 화실에서였습니다. 곧 그녀는 모델로서 매력을 뽐내게 되죠.

이후 참 많은 화가들이 그녀의 모습에 매료되었습니다. 그중 르누아르가 그린 그녀의 모습은 널리 알려져 있습니다. 르누아르와 발라동은 비공식 연인으로 함께했는데요. 당시 모델이 화가의 연인이나 정부가 되는 것은 드물지 않은 일이었습니다.

발라동이 모델로 선 르누아르의 대표작 〈부지발에서의 춤〉입니다. 한 번쯤은 어딘가에서 봤을 유명한 그림입니다. 부지발은 파리에서 15킬로미터 정도 떨어진 마을입니다. 르누아르는 그곳의 무도회장에서 열린 댄스파티의 한 장면을 그렸습니다.

커플이 춤을 추고 있습니다. 화려한 하얀 드레스에 빨간 모자를 쓰고 춤을 추는 여성이 수잔 발라동입니다. 행복해 보입니다. 얼굴빛은 연분홍으로 물들어 있습니다. 하지만 화가들이 그린, 아름답게 꾸며진 그녀의 모습은 진짜 모습이 아니었습니다.

생계를 위해 선택한 일이었지만, 낯선 모습의 나를 그림 속에서

Dance at Bougival
부지발에서의 춤
오귀스트 르누아르
1883

Self-Portrait
자화상
수잔 발라동
1883

발견하며, 그녀는 점점 더 진실한 자신의 모습을 찾고 싶어졌는지도 모릅니다. 이제 스스로 붓을 들기 시작합니다. 새로운 꿈이 피어나던 순간이었습니다.

배우지 못하고 가진 것 없는 악조건 속에서 두 번째 꿈을 꾸게 된 것이죠. 꿈을 꾼다는 것은 어쩌면 삶을 살아갈 의미가 생겼다는 것일지 모릅니다. 형편상 학교를 다닐 수 없었던 그녀는 모델을 하며 화가들을 관찰했습니다. 그들의 붓 터치를 어깨너머로 바라보고 쉬는 시간마다 연필로 그리며 독학을 했습니다. 그리고 곧 첫 〈자화상〉을 탄생시킵니다.

조금 서툴러 보이지만 혼자 힘으로 완성한 첫 그림이었습니다. 르누아르의 그림 속 뽀얗고 발그레한 얼굴빛은 어디에도 보이지 않는데요. 자신의 꿈을 세상에 꺼낸 그 시작의 떨림과 단호함이 겹쳐 보입니다.

남성 화가들은 그녀가 그림 그리는 모습을 탐탁지 않아 했습니다. 모든 것을 노랗게만 보는 비뚤어진 눈을 가진 사람처럼 그들의 편견은 단단했습니다. 여성이 붓을 드는 것을 이해조차 하려하지 않던 시대였으니까요. 그녀의 겉모습에만 관심을 보였지 내면까지 바라보고 화가의 꿈을 이해해준 사람은 없었습니다.

+ 네 운명은 모든 사람의 운명이리라

그녀의 삶에 중대한 변화가 찾아옵니다. 르누아르의 화실에서 나오고 얼마 지나지 않아 열여덟의 나이에 아이를 낳게 된 것입니다. 사람들이 얼마나 수군거렸을까요? 그녀는 아버지가 누군지 공개하지 않았습니다. 아이의 이름은 '모리스 위트릴로(Maurice Utrillo)'라고 지었습니다. 함께 찍은 사진이 남아 있습니다.

발라동은 위트릴로를 담은 드로잉을 많이 남겼습니다. 침대에서 일어나는 모습, 맨몸으로 새총 놀이에 집중하는 모습 등 그림 속 천방지축 아이는 속도 많이 썩였지만 어머니의 재능을 물려받아 위대한 화가가 될 아이였습니다.

수잔 발라동과 모리스 위트릴로

Utrillo Nude Sitting on a Couch
침대 위에 앉아 있는 위트릴로
수잔 발라동
1895

Maurice Utrillo Playing with a Sling Shot
새총 놀이를 하는 위트릴로
수잔 발라동
1895

Suzanne Valadon
수잔 발라동
툴루즈 로트레크
1885

그리고 다행히 이 시대에도 깨어 있는 사람들이 있었습니다. 알아주는 이 없는 그녀의 꿈을, 그녀의 마음을 처음 이해해준 화가가 나타납니다. 바로 물랭 루즈의 화가 툴루즈 로트레크(Toulouse-Lautrec)였습니다.

로트레크는 귀족으로 태어났지만 유전병으로 장애를 지니고 있었습니다. 뼈가 약해서 성장이 제대로 되지 않아 항상 지팡이가 필요했고 키가 굉장히 작았습니다. 그는 장애로 인해 귀족 사회에서 소외당했던 사람이었습니다. 그래서 로트레크의 눈에는 발라동의 내면,

험난했던 삶이 보였나 봅니다. 그가 그린 그녀의 모습은 르누아르의 작품과 비교하면 크게 차이가 납니다.

로트레크의 시선이 느껴지나요? 아마 그날 하루도 발라동은 힘들었나 봅니다. 눈빛이 조금은 공허해 보이고 어깨는 지쳐 보입니다. 꾸며지지 않은 그녀의 진짜 모습입니다. 로트레크는 그녀의 진짜 내면을 알아차렸던 것이겠죠. 그 어떤 화가가 담은 발라동보다 더 마음에 와닿았습니다.

로트레크는 그녀의 그림을 진지하게 봐주며 재능을 격려했습니다. 나아가야 할 방향을 알려주기도 했고요. 에드가 드가를 소개시켜 주고 그림을 배울 수 있게 해주었습니다.

발라동은 로트레크의 적극적 지원으로 1887년 본격적으로 화가의 길로 들어섭니다. 수잔 발라동이란 이름을 지어준 것도 이때, 로트레크였습니다. 진정 모델에서 화가로 다시 태어나는 순간이었습니다.

이후 그녀는 자신의 그림에 당당히 '수잔 발라동'을 적어 넣었습니다. 둘은 사랑에 빠졌고 발라동은 로트레크에게 청혼합니다. 하지만 로트레크는 끝내 거부하는데요. 장애 때문에 가족과 사회에서 외면받은 그는 지독한 자기혐오에 빠져 있었습니다. 자신의 인생에 진정한 사랑 따위는 가당치 않다고 믿었죠. 발라동은 자살 소동까지 벌이며 로트레크의 마음을 얻으려 했지만 실패했습니다.

결국 둘은 헤어지게 됩니다. "로트레크는 자신의 슬픔을 숨기고 아무도 보지 못하도록 아틀리에의 소파에 몸을 묻고는 마음이 풀릴 때까지 울 것이다"라는 당시 지인의 증언을 보면 거절해야 했던 로트레크의 마음도 전해집니다.

> 인생은 춥고 음산한데
> 비는 오고 바람은 멎지 않는다
> 내 마음 쓰러져가는 과거 위에
> 아직도 매달려 있건만
> 바람 칠 때마다 청춘의 희망 뭉텅이로 진다
> (……)
> 슬픈 마음이여! 불평을 말라!
> 구름 뒤엔 아직도 태양이 빛나고 있거늘
> 네 운명은 모든 사람의 운명이리라!
>
> _ 헨리 롱펠로, 「궂은 날」 중에서

+ 프랑스 미술계를 발칵 뒤집어놓다

아픔은 있었지만 이제 그녀의 예술을 알아주는 사람들이 생겼습니다. 이후 1894년에는 프랑스 국립예술원 보자르(Societe Nationale des Beaux-Arts) 전시에 당대 최고의 화가들과 함께 전시하는 영예를 누렸습니다. 여성 화가로서는 최초의 일이었습니다.

이후 그녀의 삶에는 연애 스캔들도 끊이지 않는데요. 많은 화가들과 교제했고, 한때는 은행가를 만나 안정된 삶을 그리기도 했습니

Adam and Eve
아담과 이브
수잔 발라동
1909

다. 결국 모든 이들이 지나가고 발라동은 마지막 연인을 만나게 됩니다. 바로 아들 위트릴로의 친구이자 20년 연하의 우터였습니다. 그녀는 그림만큼 사랑도 파격적이었죠. 우터를 만난 후 발라동은 당시엔 충격적인 작품을 발표합니다. 바로 〈아담과 이브〉입니다.

『성경』 내용처럼 이브가 나무에서 사과를 따는 장면을 그렸습니다. 그런데 이 작품이 공개되고 당시 프랑스 미술계가 뒤집어졌습니다. 중세시대부터 끊임없이 그려오던 낯익은 주제인데 왜 그랬을까요?

이전의 그림 속에서 이브는 죄인으로 등장했습니다. 뱀의 유혹에 넘어가서 금단의 열매를 따는 바람에 인류가 고통의 수렁에 던져졌기 때문이죠. 아담 또한 가담했지만, 어디까지나 주범은 이브로 표현되었습니다. 그런데 발라동의 그림 속 이브는 달랐던 겁니다.

사과를 따는 이브의 표정은 당당하고 죄책감이라고는 느껴지지 않습니다. 이브 옆에 있는 아담의 손을 볼까요? 사과를 따는 이브의 손목을 붙잡고 있습니다. 얼핏 보면 말리는 것처럼 보입니다. 그런데 반대로 이브가 사과를 따도록 부추기는 것 같기도 합니다. 이브가 욕망 앞에서 순수하게 몸을 활짝 열 때, 아담의 표정은 어떻습니까? 온갖 계산을 하는 중인 것처럼 복잡해 보이지 않나요.

아담을 그리면서 자신이 만났던 비겁한 남성들을 떠올렸던 것은 아닐까요? 정직하지 못했던, 도망칠 궁리부터 했던, 그리고 한 손으로는 계산기를 두드려댔던, 그래서 결국 스스로에게조차 당당하지 못했던 남자들을 그린 것이라면 지나친 비약일까요. 흥미로운 사실은 처음 발표할 당시엔 아담 역시 전라의 상태였으나 추후에 무화과

Portrait of Maurice Utrillo
모리스 위트릴로
수잔 발라동
1921

잎을 그려 넣었다고 합니다.

이후에도 그녀의 앞에는 여러 고난들이 닥쳐옵니다. 남성들과의 여러 스캔들, 알코올 중독 어머니와 아들 위트릴로까지……. 발라동은 알코올 중독으로 속을 썩이던 아들이 안정을 찾길 바라며 옆에서 그림 그리는 법을 알려줍니다.

성인이 된 위트릴로는 그림 속에서 붓과 팔레트를 들고 있습니다. 화가로 성장했다는 것을 알 수 있죠. 자신을 믿고 놓지 않았던 어머니의 그 마음 덕분인 듯합니다. 위트릴로는 훗날 프랑스 최고 권위의 훈장인 레지옹 도뇌르 훈장(Insigne de Légionnaire)을 받은 위대한 화가로 성장합니다.

+ 마지막의 마지막 순간까지

발 라 동

은 아픔 또한 피하지 않고 그렸습니다. 아니 그림은 아픔을 표출시킬 통로가 되어주었습니다. 그녀를 대표하는 후기 작품 〈파란 방〉입니다.

저는 이 그림을 처음 봤을 때 강렬한 파란색도 인상적이지만 그 분위기에 압도됐습니다. 산전수전 다 겪으며 살아온 그녀의 배포를 보여주는 그림입니다. 익숙한 구도가 느껴지는데요. 미술사의 전통적인 주제인 '비너스'와 '오달리스크'의 새로운 버전이었습니다. 그 전까지는 단 한 번도 보지 못한. 이 작품 역시 질기고 질긴 편견을 과감하게 걷어낸 걸작이라 할 수 있겠습니다.

그림 속 주인공은 예쁘지도, 날씬하지도, 육감적이지도, 멋진 옷을 입지도 않았습니다. 게다가 관람객을

The Blue Room
파란 방
수잔 발라동
1923

포함해서 그 누구도 의식하지 않습니다. 담배를 물고 있는 걸 보면 정말 배짱 좋은 모습입니다. 왼편에 잘 보면 책이 놓여 있는데요. 당시 남성들의 전유물이던 담배와 책을 아무 거리낌 없이 담아내었습니다. 바로 발라동 자신에 관한 그림이었습니다.

이제 발라동의 마지막 〈자화상〉을 감상할 시간입니다. 요즘 식으로 표현하자면 '어플' 없이 찍은 '셀카'와 비슷한가요? 아름답지 않음에 놀랐나요? 자신의 내면을 솔직하게 표현하는 것 또한 예술의 존재 이유입니다. 마치 이 세상을 향해 당당하게 큰 소리로 "이 모습이 나"라고, "이게 나의 삶"이라고 외치는 듯합니다.

수잔 발라동은 평범한 일상과 소박한 모습 또한 예술이 될 수 있음을, 솔직한 표현이 아름다울 수 있다는 새로운 생각을 사람들의 가

Self-Portrait
자화상
수잔 발라동
1927

아틀리에에서 그림을 그리고 있는 말년의 수잔 발라동

슴에 심어주었습니다. 앞뒤가 꽉 막힌 보수적인 세상에서 자신 또한 '위대한 화가'라는 것을 증명했고, 이후 등장하는 많은 여성 화가들에게 용기를 주었습니다. '아카데미 최초의 여성 회원', '국립예술학회 여성 최초의 전시' 등 '여성 최초'란 단어는 그녀의 수식어가 되었습니다. 그녀는 당당히 말합니다.

> 프랑스 여자들도 그림을 그릴 수 있어. 하느님이 나를 프랑스 최고의 여성 화가로 만들어주셨다고 생각해.

참 멋집니다. 세상은 종종 나의 성공을 반대하는 것처럼 보입니다. 참 불공평하구나, 생각이 들 때도 있죠. 미혼모의 딸로 태어나 곡예사의 꿈은 좌절되었고 주변의 모든 것이 삶을 비극으로 몰고 가려는 듯 보였지만, 당당히 화가의 꿈을 이루었습니다. 그 무엇도 자신의 의지를 꺾어버리도록 허락하지 않았습니다.

사람들은 웅성거렸을 것입니다. 화가 앞에서 옷을 벗고, 잠자리를 같이하고, 그러다가 아이를 낳고, 그런 천박한 모델이라고 손가락질했을 것입니다. 여자가 무슨 그림이냐고, 그림 실력은 보나 마나 형편없을 것이라고 조롱했을 것입니다. 안 들렸을 리 없습니다. 하지만 발라동은 그 사나운 소란을 그저 흩어지고 사라지는 말로 만들어버렸습니다. 자기 자신을 지켜냈습니다. 저는 그 소용돌이를 헤쳐 나오는 힘이 무엇인지, 그녀를 공부하며 알게 되었습니다. '자신에 대한 믿음'이었습니다. 과거의 나를 보듬고, 현재의 나를 굳게 믿고, 미래의 나를 긍정하는 태도였습니다.

발라동의 담담한 흑백 사진이 말하는 듯합니다.

그 어떤 순간에도 나 자신을 함부로 소홀하게 대하지 않기.

마지막 순간까지 나를 사랑하기.

제8화 윌리엄 터너

생의 마지막 순간까지 최선을 다해

Vincent van Gogh
Edouard Manet
Pierre Bonnard
Edgar De Gas
Paul Cézanne
Henri Rousseau
Suzanne Valadon
William Turner
Wassily Kandinsky
Auguste Renoir
Edvard Munch
André Brasilier

Joseph Mallord William Turner

–

1775~1851

"도전도
용기도
성실하게……."

이번에 만나볼 화가는 영국의 풍경화가입니다. 영국 화가, 조금 낯설기도 합니다. 미술사에서 영국이란 나라의 비중은 그리 두드러지지 않습니다. 그런데 그 영국에서 19세기 미술의 흐름을 바꾸는 데 결정적인 역할을 한 위대한 예술가가 나타납니다. 영국의 국민 화가로 칭송되는 화가입니다. 실제로 그 인기를 생생하게 증명해주는 것이 있죠. 영국은 2020년 20파운드 지폐에 이 사람의 얼굴을 새로 새겨 넣었습니다. 20파운드 지폐는 가장 활발하게 사용되는 화폐라고 합니다.

그가 그린 〈자화상〉입니다. 스물네 살의 그가 우리를 쳐다보고

Self Portrait
자화상
윌리엄 터너
1799

있습니다. 마치 증명사진처럼 본인을 똑바로 그렸는데요. 말끔한 외모에 자신감이 넘쳐 보입니다. 이 시기에 벌써 그는 왕립 아카데미 멤버로 선정되었고 나라에서 인정받는 화가였습니다.

이 화가는 풍경화에 빛을 담아내는 독특한 표현으로 '빛의 화가'라고도 불렸던, 영국의 국민 화가 윌리엄 터너(Joseph Mallord William Turner)입니다. 그럼 그의 대표작부터 만나보겠습니다.

〈눈보라〉입니다. 미처 제목을 알지 못한 채 이 작품 앞에 섰을 때 참 당황스러웠습니다. '이게 뭐지?' 싶었으니까요. 여러분은 만약 그림에 제목이 없다면 무엇을 그렸는지 알아보시겠나요? 당시 사람들은 어땠을까요? 이 그림이 처음 공개됐을 때의 반응은 '당황'보다는 '충격'에 가까웠습니다. 사실적이고 아름다운 풍경화에 익숙했던 사람들에게 형태가 뭉개지고 불분명한 '눈보라'는 낯섦과 놀람 그 자체였던 것입니다. 미술계에서는 "비누거품과 회반죽 덩어리 같다"는 조롱이 빗발쳤습니다.

그런데 한번 차분하게 생각해볼까요? 내가 배 위에서 소용돌이치는 '눈보라' 속에 들어가 있다면 이 그림처럼 모든 것이 불분명하게 보이지는 않을까요? 실제로 이 화가는 생전 이렇게 말했습니다.

> 나는 이해할 수 있는 그림을 그리지 않았다. 풍경이 어떻게 보이는지를 보여주고 싶었을 뿐이다.

이 단호한 한마디를 기억하며, 윌리엄 터너의 생애와 작품 속으로 여행을 떠나보겠습니다.

Snow Storm - Steamboat off a Harbour's Mouth
눈보라
윌리엄 터너
1842

+ 모든 것을 얻은 젊음

터너는 1775년 이발사의 아들로 태어났습니다. 가난한 부모는 자식에게 물려줄 재산은 없었지만 다른 무엇과도 견줄 수 없는 예술성을 물려주었습니다. 터너는 어릴 적부터 드로잉에 소질을 보였습니다. 어린 터너는 숲길이나 시골길을 걸을 때면 늘 들고 다니던 스케치북에 풍경을 담았습니다. 그 습관은 평생 그를 따라다녔고요.

또한 터너의 부모님은 아들의 재능을 자랑스럽게 여겼습니다. 곤궁한 화가의 삶을 반대했던 평범한 부모들과 달리, 가게에 그림을 걸어두고 판매하기도 했습니다. 자신의 재능을 진심으로 응원해주는 부모의 마음은 자식에게 자신감이란 날개를 달아주었습니다. 〈맘스베리 수도원의 폐허〉는 그때의 작품입니다.

터너의 초기작 중 걸작으로 뽑히는 작품입니다. 폐허가 된 중세 수도원의 모습이네요. 17세의 나이에도 이렇게 그릴 수 있다니 정말 놀랍습니다. 정확한 원근법을 적용해서 그렸지만, 자세히 살펴보면

Ruins of Malmesbury Abbey
맘스베리 수도원의 폐허
윌리엄 터너
1792

보이는 그대로 그린 것이 아닙니다. 초록색과 푸른색이 더욱 강조되어 있습니다. 그래서 감성적인 분위기가 짙습니다. 오랜 시간이 흐른 수도원의 모습에서 고대 문명에 대한 향수가 전해집니다.

당시 영국에는 '낭만주의'의 바람이 불고 있었습니다. 낭만주의자들은 현실을 그대로 재현하기보다는 때로는 감상적이고 때로는 이상적으로 표현했습니다. 오늘날의 우리도 아름다운 풍경이나 분위기를 '낭만적'이라 표현하곤 하는 것처럼 말입니다.

터너의 재능은 일찍부터 주변에서 알아볼 정도로 탁월했습니다. 10대 초반에 이미 많은 건축가들이 그에게 드로잉을 주문했으니까요. 그들은 터너에게 주로 원근법을 이용한 건물 스케치와 채색을 맡겼습니다. 터너는 열네 살이 되던 해에 로열아카데미(왕립예술원)에 입학했고, 스물한 살 때에는 수채화 수업뿐만 아니라 유화 수업에도 참가했습니다. 당시 아카데미에 첫 유화를 출품했는데, 이곳에 전시한다는 것은 정부에서 인정하는 화가가 된다는 뜻이었습니다.

〈바다의 어부들〉이 그 출품작입니다. 밤바다 위에 어부들의 모습이 어렴풋합니다. 달빛이 은은하게 그들을 비추고 있습니다. 당시 터너는 빛과 어둠의 표현에 관심이 많았는데요. 바다의 출렁임과 달빛의 표현이 대단합니다. 마치 그림에 실제 빛이 비치는 것 같습니다. 터너는 풍경을 사실적으로 묘사하는 능력을 높이 평가받았습니다. 이 그림으로 '해양 화가'라는 별명을 얻기도 했습니다.

이후 스물네 살 무렵엔 아카데미의 준회원, 그리고 스물일곱 살에는 정회원이 되는 영광을 얻었습니다. 평생을 정회원이 되지 못하는 화가도 많았는데, 역대 최연소의 나이로 왕립아카데미 정회원이 된 것입니다. 그야말로 승승장구였습니다.

지금까지 만났던 화가들과는 사뭇 다릅니다. 터너는 아카데미 정회원이라는 명성만으로도 충분히 편한 생활을 지속할 수 있었습니다. 하지만 터너의 이야기를 들려드리는 데에는 더 특별한 이유가 있습니다.

Fishermen at Sea
바다의 어부들
윌리엄 터너
1796

+ 예술과 혁명이 만났을 때

터너는 주변의 인정에 안주하지 않고 새로운 도전을 계속해나갔습니다. 자신의 예술을 발전시키기 위해 선택한 방법은 '여행'이었습니다. 터너는 영국 북부와

The Passage of the St. Gothard
세인트 고타드로 가는 길
윌리엄 터너
1804

스코틀랜드 등 다양한 장소를 여행했습니다. 깊은 산골이나 협곡과 폭포 등 자연이 빚어내는 아름다운 풍광을 눈과 마음에 가득 담기 위해서였습니다.

1804년 작품 〈세인트 고타드로 가는 길〉에서는 여행 중 마주친 자연의 웅장함이 느껴집니다. 어릴 적 습관대로 여행길에도 스케치북은 항상 그와 동행했습니다. 폭우를 만났을 때, 마차가 부서지는 작은 사고는 물론 순간 순간 놓치지 않고 다양한 체험을 스케치북에 남겼습니다. 자연이 뿜어내는 힘과 그 체험의 감정이 사라질까, 여행 중에도 부지런히 그렸습니다. 이렇듯 당시 터너가 남긴 수많은 작품들은 자연의 위력과 거기서 받은 압도적인 감정을 표현하고 있습니다.

여기서 꼭 짚고 넘어가야 할 지점이 하나 있는데요. 터너의 성공은 그의 천재성에 기인하고 있지만 당시 상황과도 긴밀하게 조응하고 있다는 것입니다. 과거 미술사에서 풍경화의 수요는 그리 많지 않았습니다. 하지만 18세기 영국은 달랐습니다. 바야흐로 산업화 시대를 맞이했고 산업혁명을 겪으며 사회는 빠르게 변화했죠. 기찻길이 깔리고 도로가 정비되었습니다. 보다 편리하게 다른 지역으로의 이동이 가능해졌습니다. 사람들은 저 멀리로 여행을 떠나기 시작했습니다. 당연히 여행에 필요한 책이 쏟아지기 시작했고, 책에 삽입할 그림, 그중에서도 풍경화의 수요가 급격히 늘게 되었습니다. 터너 또한 다양한 지역을 여행하며 영감을 받을 수 있었고요. 물론 어느 시대에서처럼, 급속한 변화에 적응하지 못하고 자연과 함께 어울리는 목가적인 삶을 그리워하는 이들도 많았습니다. 그들은 과거 아름다운 풍경을 자신의 마음과 집에 품고 싶었고, 자연스레 풍경화를 구입하기 시작했습니다. 한 예술가의 천재성과 시대의 흐름이 맞아떨어진 것입니다.

+ 색과 빛을 향한 실험과 모색

터너는 1804년 자신의 작업실을 열었습니다. 시작하자마자 주문이 밀려 들어왔죠. 모든 것이 순조로웠습니다. 그래도 터너는 안주하지 않았습니다. 파리의 미술관을 다니며 푸생, 루벤스, 티치아노를 포함한 거장들의 작품을 끊임없이 공부했습니다. 동시에 자연에서 직접 느낀 경험을 캔버스에

Snow Storm, Hannibal and His Army Crossing the Alps
눈보라, 알프스를 넘는 한니발과 군대
윌리엄 터너
1812

옮기는 일과, 색채에 관한 연구에 매진했습니다. 빛과 색채 연구가 거듭될수록 자연현상을 담은 그의 그림은 점점 더 흐릿해졌습니다. 실제의 자연을 포착하는 실험이었던 것입니다. 그 실험정신이 오롯이 담긴 작품 하나를 감상해보겠습니다.

〈눈보라, 알프스를 넘는 한니발과 군대〉에는 바위산을 배경으로 광활한 풍경이 펼쳐집니다. 태양은 멀리서 대지를 비추고, 역광을 받은 구름 아래로 눈발이 쏟아집니다. 화면을 온통 어둡게 덮을 기세입니다. 자세히 보면 수많은 병사들이 행군하고 있습니다. 눈보라가 병사들을 삼킬 듯 덮치고 있고요. 어떤 사람은 지쳐 쓰러져 있고, 또 어떤 사람은 겁에 질려 웅크리고 있습니다. 죽은 동물들이 보이기도 합니다.

터너는 이 작품에서 눈보라의 현상에 집중했습니다. 그래서 전체적으로 뿌옇게 표현되었습니다. 하지만 터너의 그림을 단순히 풍경화라고 하기에는 애매합니다. 풍경 속에 역사적 사건이 담겨 있기 때문입니다. 풍경에 비중을 둔 역사화라 할 수도 있겠습니다. 사람들이 좋아할 내용과 스타일이 적절하게 조화를 이루고 있는 듯 보입니다.

터너는 곧 그 실력을 인정받아 아카데미 교수가 되어 원근법을 가르치게 됩니다. 젊은 나이에 남들이 부러워할 만한 부와 명예를 동시에 얻은 것이죠. 하지만 그는 여전히 자신의 그림에 만족할 수 없었습니다. 세인들이 원하는 그림이 아니라, 자연을 직접 몸으로 체험하고 그 자연을 고스란히 재현하기를 원했습니다. 예술가란 끊임없이 자신에게 질문하는 존재입니다. 자신이 완성하고자 하는 예술의 경지에 도달하기 위해 끊임없이 노력하지만 그곳에 닿으면 결국 또 다른 질문에 빠지게 되죠. 당시 과학의 발달로 빛에 대한 새로운 연구와 색채론이 속속 발표되면서 그의 연구는 더욱 불이 붙습니다.

터너의 색채 실험에 대해서 더 잘 알 수 있는 작품이 있습니다. 바로 〈색채의 시작〉입니다. 이 작품은 오로지 색채로만 공간감을 표현했습니다. 자연의 색채가 색띠로 드러납니다. 마치 시대를 앞서간 추상미술처럼 보입니다. 상상을 해보면 형체가 보이는 듯도 합니다.

Colour Beginning
색채의 시작
윌리엄 터너
1819

아래의 갈색 띠는 모래사장, 그 뒤로 멀리 보이는 푸른색은 바다인 것이죠. 썰물 때의 해변입니다. 하지만 이 또한 추측일 뿐 관람자에 따라 저마다의 고유한 해석이 가능합니다.

터너는 혼자서 이런 식의 색채 실험을 계속하고 있었던 것입니다. 자신이 찾고자 하는 예술을 완성하는 것, 오직 이것이 예술가로

서의 목표였습니다. 강의실에서는 원근법 교수로서의 역할을 충실히 실행하고 작업실에서는 자신만의 예술을 실험하면서, 색채와 대기의 표현에 더욱 깊이 빠져듭니다. 그렇게 자신의 예술 세계에 투신하게 되는 것이죠.

얼마 지나지 않아 또 하나의 대표작이 등장합니다. 그 유명한 〈불타는 국회의사당〉입니다. 1834년 10월 6일, 템스 강가에 있는 영국의 국회의사당에 큰 화재가 발생했습니다. 거대한 불길이 타오르는 모습에 사람들은 놀라 충격에 빠졌습니다. 터너는 불꽃이 일으키는 색상과 대기의 움직임을 자세하게 관찰하기 위해 가장 잘 보이는 장소

The Burning of the Houses of Parliament
불타는 국회의사당
윌리엄 터너
1834

를 찾아 부리나케 달려갔습니다. 그리고 거대한 화마가 일으키는 빛의 효과를 분주하게 관찰하며 스케치했습니다. 빠르게 변해가는 불길을 잡기 위해 쉬지 않고 그려나갔죠. 사실 이 거대한 화마는 사람들에게 충격이면서도 처음 보는 놀라운 광경이었습니다. 그래서 많은 이들이 이 화마가 가장 잘 보이는 곳으로 몰려들었죠. 다시 그림의 주변을 잘 보면 수많은 군중이 모여 있다는 것을 알 수 있습니다. 당시 비평가는 이 작품이 원근법이 맞지 않다고 비평했지만 그에게 그런 것은 아무 상관없었습니다. 터너는 오직 불꽃의 효과와 화마가 색채로 어떻게 표현되는지에 몰두했습니다.

결국 터너는 자신의 예술을 완성하기 위해 아카데미 강의를 그만두게 됩니다. 이미 사회적 성공을 이룬 예술가가 시대의 요구에 반해 자신만의 예술을 발전시키는 데에는 생각보다 큰 용기가 필요할 것입니다. 의뢰받은 그림을 그리는 것만으로도 풍족하게 살 수 있었지만, 위대한 예술가에게 물질적 성공은 생의 목표가 될 수 없었습니다. 캔버스에 자연을 있는 그대로 담아내는 것! 어릴 적 다른 화가의 작품을 능숙하게 모사할 수 있었던 재능이 이제 자연의 인상을 재현하는 능력으로 변형된 것입니다.

+ "나는 이해할 수 있는 그림을 그리지 않았다"

어느 날 그는 광활한 자연을 마주하며 오랜 시간 관찰했습니다. 그리고 그 순간 문득 자신의 실험을 완성할 중요한 사실을 깨닫습니다. 눈으로 관찰한 풍경은 완벽하게 잘 짜인 그림과는 다르다는 것이었습니다. 구름과 파도, 그러니까 자연은 끊임없이 움직이는데, 회화는 결국 평면적이고 정지된 화면을 담고 있을 뿐이었습니다.

터너의 목표는 그 방향이 확실히 정해졌습니다. 관람자가 광활한 자연의 역동성을 체험할 수 있도록 자연의 움직임을 표현하는 것! 그러려면 기존 회화의 법칙을 내려놓아야 했고, 전통을 거부해야 했습니다. 이는 그가 그동안 쌓아온 명성을 포기하는 것과도 같은 일이었습니다. 주변 지인들은 두 손 두 발을 들어 반대했습니다. 왜 그렇게까지 해야 하냐며 말렸습니다. 그럼에도 그는 자연의 움직임을 담기 위한 외로운 싸움을 시작합니다. 그리고 지난한 연구 끝에 그의 대작이 탄생하죠. 우리가 맨 처음 감상한 〈눈보라〉입니다.

이 그림에는 명확한 부분이 존재하지 않습니다. 원근법도 사라지고 없습니다. 하지만 만약 폭풍의 한가운데에 서 있다면, 우리가 보게 되는 실제는 이런 모습이지 않을까요? 이 작품 앞에 서 있으면 마치 눈앞에서 소용돌이가 치는 것 같습니다.

사실 터너는 자신의 실험을 완성하기 위해 무모한 도전을 결행했습니다. 눈보라가 거세게 몰아치는 어느 날 배에 몸을 실었던 것입니다. 그리고 눈보라 속으로 들어갔죠. 선원들이 선실 안으로 대피할 때 그는 자신의 몸을 돛대에 묶어달라고 부탁했습니다. 자신을 돛대에 결박한 채 그 거센 소용돌이의 한복판 속으로 들어갔습니다. 두 눈을 부릅뜨고 자연의 힘과 운동을 담았습니다. 처절한 싸움은 무려 4시간가량이나 계속되었습니다.

미술사의 이정표가 된 〈눈보라〉는 그렇게 탄생했습니다. 터너는 당시 이미 중년을 훌쩍 지난 나이였습니다. 어쩌면 목숨까지 건 도전이었을 것입니다. 그 열정에 절로 고개가 숙여집니다. 이루어야 할 목표가 뚜렷한 사람의 정신은 도무지 늙지 않는 것 같습니다. 타인의 이해가 나를 가두도록 허락하지 않지요.

+ 현대미술이 가야 할 미래

또 하나의 명작을 감상하도록 하겠습니다. 영국의 템스 강을 건너는 초기 증기기관차의 모습을 담은 〈비, 증기, 그리고 속도: 대서부역〉입니다. 앞서 이야기했던 것처럼 당시 산업화와 이동기술의 발달은 실로 경이로웠습니다. 증기기관차는 호기심의 대상이었고요. 터너는 자연과 과학기술의 만남을 역동적으로 표현하고자 했습니다. 그림은 비와 대기가 서로 엉켜 있고, 그 소용돌이 한가운데를 증기기관차가 뚫고 나오는 모습을 훌륭하게 담아냈습니다. 기관차의 형태는 흐릿하지만 보는 것만으로도 기관차가 내뿜은 거친 소리가 들리는 것 같습니다. 쇠와 쇠가 부딪치는 소리까지도 말입니다.

터너는 관람객을 그림 안으로 빨려들게 만들었습

Rain Steam and Speed:
The Great Western Railway
비, 증기, 그리고 속도: 대서부역
윌리엄 터너
1844

니다. 산업혁명이라는 기술을 낭만주의적 시선으로 포착한 터너의 대표작입니다. 터너는 이번에도 직접 체험하고 그림을 그렸습니다. 비가 내리는 날, 기차에 몸을 싣고 창문 바깥으로 몸통을 내밀고 비 오는 풍경을 몇십 분 동안 관찰한 다음에 이 작품을 완성했다고 합니다. 그런 그의 노력은 헛되지 않았습니다. 대중들은 깨닫지 못했지만 터너의 연구는 또 다른 위대한 탄생의 신호탄이 되기에 충분했습니다. 사진의 등장 이후 정확한 재현이라는 벽에 부딪혀버린 미술이 가야 할 길을 제시해주고 있었던 것입니다.

훗날 프랑스의 한 화가가 영국을 방문합니다. 그러고는 터너의 그림에 충격을 받습니다. 그의 작품에 미술이 가야 할 미래가 담겨 있음을 꿰뚫어본 것입니다. 프랑스로 돌아간 그 화가는 자신만의 방식으로 당시의 충격을 그려냅니다. 인상파의 거장 클로드 모네의 〈인상, 해돋이〉였습니다.

해가 지는 광경을 재빠르게 포착한 이 그림에 명확한 부분이라고는 존재하지 않습니다. 터너의 그림처럼 해가 뜨는 순간의 인상만을 그려낸 것이죠. 모네는 빛과 공기를 표현하는 힌트를 터너에게 얻었던 것입니다. 미술 역사상 가장 유명하고 대중에게 가장 큰 사랑을 받은 사조 '인상주의'는 이렇게 태동합니다. 한 화가가 평생을 바친 실험과 노력이 미술사의 흐름을 바꾸는 순간이었습니다.

Impression, sunrise
인상, 해돋이
클로드 모네
1872

+ 길을 찾다, 길이 되다

터너의 그림은 다음 세대의 화가들에게 새로운 영감의 원천이 되었고, 이후 새로운 시도들을 가능케 하는 힘이 되었습니다. 이뿐만이 아닙니다. 그는 생전 가난

The Fighting Temeraire tugged to her last berth to be broken up
전함 테메레르
윌리엄 터너
1839

한 풍경화가들을 지원하기도 했습니다. 그리고 마침내 세상을 떠나기 전 자신의 작품들을 기증하기로 합니다. 공공의 자산으로 많은 사람들이 그림을 감상할 수 있도록 '기부'한 것도 당시로서는 획기적인 일이었습니다.

그의 후기 대표작인 〈전함 테메레르〉는 BBC 〈라디오4〉 여론조사에서 영국인이 가장 좋아하는 그림으로 선정되었습니다. 테메레르는 트라팔가르 해전에서 나폴레옹 군대를 물리친 유명한 전함입니다. 수십 년간 자신의 역할을 충실히 마치고 과거의 영광을 뒤로한 채 해체의 순간을 맞이하는 모습입니다. 저 멀리 노을 지는 하늘에서 쓸쓸함과 영광스러움이 동시에 느껴집니다. 은퇴하는 모든 전쟁 영웅에 대한 존경이었습니다.

1984년 영국은 최고 권위의 미술상을 제정합니다. 짐작하듯이 그 상의 이름이 바로 '터너 상'입니다. 해외에서 활동하는 영국 국적의 미술가나 영국에서 활동하는 외국 미술가들을 대상으로 수여합니다.

우리는 알고 있습니다. 살아가는 데 가장 중요한 것이 물질적 성공만은 아니라는 것을 말입니다. 물론 먹고사는 문제인 만큼 물질은 중요하죠. 하지만 알아주는 이 없어도 내가 믿고 있는 신념을 이루기 위해 노력하는 삶도 의미 있는 인생입니다. 터너의 그림이 뿜어내는 에너지 속에서 삶의 의미가 무엇인지 다시금 생각해봅니다.

제9화 바실리 칸딘스키

스쳐지나가는 소중한 순간을 붙잡는 법

Vincent van Gogh
Edouard Manet
Pierre Bonnard
Edgar De Gas
Paul Cézanne
Henri Rousseau
Suzanne Valadon
William Turner
Wassily Kandinsky
Auguste Renoir
Edvard Munch
André Brasilier

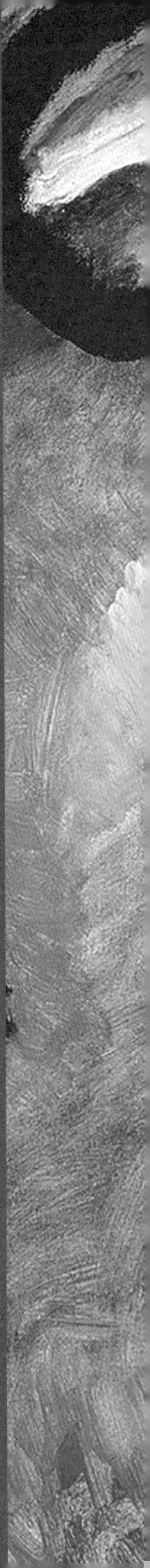

Wassily Kandinsky

–

1866~1944

"내 영혼에서
갖가지
색을
보았다."

미술에 별다른 관심이 없더라도 한 번쯤은 듣게 되는 말이 있습니다. 추상(抽象). 미술에서는 추상 혹은 추상화를 이렇게 정의하곤 합니다. 작가의 내면을 순수 조형 요소로만 표현하는 것, 한 형상의 중요한 특징을 찾아낸 후 간단하게 표현하는 것, 비구상적이고 반사실주의적 경향……. 솔직히 어렵습니다. 그럼 추상의 반대에 있는 말부터 살펴볼까요? 맞습니다. 구상(具象)은 구체적인 형상이 있다는 뜻입니다. 전시회에 걸린 작품을 보고 작가가 무엇을 그린 것인지 알아볼 수 있다면 그것은 구상입니다. 추상은 구체적인 형상을 재현하지 않습니다. 대상을 단순화시켜 점, 선, 면, 색, 질감 등으로 표현합니다. '이 작품은 대체 뭘 그린 거지?' 싶다면 추상일 확률이 매우 높습니다. 그러니 그 해석과 감상이 어려울 수밖에요.

지금부터 만나볼 화가가 그 난해한 추상미술을 대표하는 예술가, 바실리 칸딘스키(Wassily Kandinsky)입니다. 그는 스스로 최초의 추상화가라고 선언했습니다.

칸딘스키의 대표작 〈구성 8〉은 추상이 무엇인지 단번에 알려줍니다. 무엇을 그린 것인지 알아볼 수 있는 부분이 좀처럼 없으니 말입

Composition 8
구성 8
바실리 칸딘스키
1923

니다. 조금 더 들여다보겠습니다. 마음을 열고 상상력을 총동원해서 다시 보겠습니다. 직선과 원형 들이 마치 산처럼 보이기도 하고 달이 떠 있는 것 같기도 합니다. 그런가 하면 무엇인가 통통 튀는 리듬감이 느껴지기도 합니다. 마치 악보 속 음표들처럼 보이기도 하죠. 실제로 칸딘스키는 음악을 굉장히 좋아했습니다. 음악은 눈으로 볼 수 있는 형태는 없지만 듣는 사람의 감정을 움직입니다. 칸딘스키는 그런 의미에서 음악도 하나의 추상이라 생각했습니다. 음악에 소리가 있다면 미술에는 색채가 있다고 할 수 있다는 논리입니다. 다시 그림으로 눈을 돌려보겠습니다. 보이지 않는 음악의 리듬감을 색채로 표현했다면 지나친 해석일까요?

+ 여행, 할머니,
그리고 나의 길

칸딘스키는 1866년 러시아 모스크바에서 부유한 상인의 아들로 태어납니다. 그는 어린 시절 이미 예술에 관심을 보였는데요. 부모는 그 재능을 일찍부터 알아보고 미술과 음악을 교육시켰습니다. 특히 음악에 관심이 많아서 피아노와 첼로 연주를 좋아했습니다. 할머니는 어린 손자에게 독일 민요를 종종 읽어주었는데요. 이 기억은 칸딘스키의 상상력에 커다란 영향을 미칩니다.

하지만 칸딘스키는 예술의 길보다는 학문의 길을 선택했습니다. 칸딘스키는 스무 살에 모스크바 대학교에 들어가 법학과 경제학을 공부했습니다. 이후 법률 시험에 합격했고, 스물일곱 살에 대학교 부교수가 되었습니다. 사진 속 칸딘스키도 예술가보다는 사업가나 학자 같은 인상을 풍깁니다. 늘 깔끔한 정장에 넘긴 머리와 안경까지 말숙한 지식인처럼 보입니다. 실제로 그는 아주 명석해서 법학 교수직까지 제안을 받기도 했습니다.

그러던 어느 해, 칸딘스키는 연구를 위해 러시아 북서부 볼로그

다주로 여행을 떠납니다. 그런데 그곳에서의 경험이 그동안 꾹꾹 눌러왔던 그의 예술성을 일깨우게 되죠. 그곳 특유의 색감에 정신이 번뜩 뜨였던 것입니다. 마치 어린 시절 할머니가 들려준 민요 속에 들어와 있는 것 같았다고 합니다. 그곳의 사람들을 "두 다리를 가진 살아 있는 밝은 색깔의 그림들"이라고 표현할 정도였으니까요. 이 경험은 화가가 된 후에 크게 영향을 끼칩니다.

목판화 〈금빛 항해〉 속에는 여행에서 본 듯한, 자신이 그동안 살아왔던 문명의 세계와는 멀어 보이는 장소가 등장합니다. 나무로 된 집과 떠나가는 배가 보이죠. 할머니의 이야기와 책과 여행은 이처럼 법학도의 길을 걷던 칸딘스키의 예술적 상상력을 다시 자극하기에 충분했습니다. 이후 여행에서 돌아온 그는 종신 교수직까지 제안을 받았습니다. 그의 삶은 정해진 것처럼, 그리고 그 어떤 흔들림도 없을 것처럼 보였죠. 하지만 칸딘스키의 마음속 나침반은 떨렸습니다. 그리고 이 길이 자신의 길이 아님을 본능적으로 알았던 것 같습니다. 그는 제안을 거절하고 도피하듯 교직에서 사임합니다.

The golden sail
금빛 항해
바실리 칸딘스키
1903

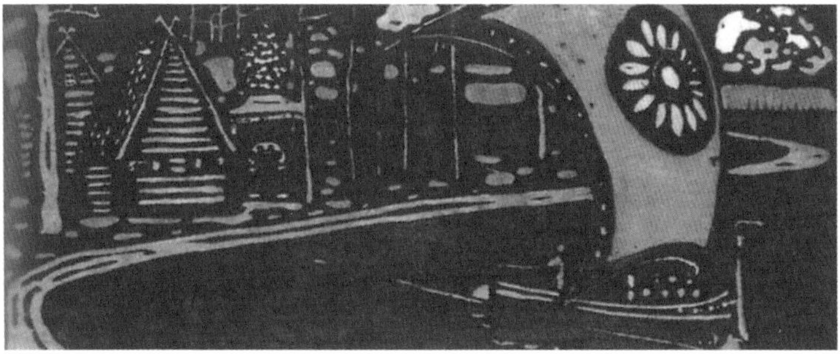

+ 삶을 통째로 뒤흔드는 체험

칸딘스키는 서른 살이 되던 해 삶을 통째로 뒤흔드는 체험을 하게 됩니다. 모스크바에서 열린 프랑스 인상주의 전시회를 보러 갔는데요. 수많은 작품 중에서도 유독 눈에 들어오는 작품이 있었습니다. 그런데 그 그림의 형상을 언뜻 알아볼 수가 없었습니다. 형태를 거의 잃고 빛과 색채만 남은 듯한 작품이었기 때문입니다.

칸딘스키는 처음 이 작품을 접했을 때 대체 무엇을 그린 건지 도무지 알 수 없었다고 술회했습니다. 이후 전시 카탈로그에서 작품 목록을 본 후에야 그 의미를 알 수 있었습니다. 제목을 보는 순간, 칸딘스키는 머리를 세게 한 대 맞은 것 같은 충격을 받았습니다. 바로 그 작품은 모네의 〈건초더미〉입니다.

순간순간 변화하는 자연의 인상을 짧은 붓 터치로 표현한 모네의 작품은 그에게 충격 그 자체였습니다. 칸딘스키는 당시의 일을 이렇게 회고합니다.

> 그런 일은 처음이었다. 건초더미를 그린 그림 앞에 서서 그것을 알아보지 못했다. 이것이 나를 당황하게 만들고 몹시 괴롭혔다. (……) 그렇지만 그 작품은 경이로울 뿐만 아니라 기억 속에 오래 남아 세세한 부분까지도 눈앞에 떠올랐다. (……) 그 작품은 상상도 하지 못했던 팔레트의 위력이었다. 그 작품이 나의 감추어졌던 부분에까지, 내 모든

Haystacks
건초더미
클로드 모네
1890

꿈속에까지 파고들었다.

그가 받은 충격이 생생하게 느껴집니다. 이 운명적인 조우를 통해 칸딘스키는 사물에 대한 구체적인 재현이 아니더라도 색채와 형태만으로도 회화가 될 수 있다는 가능성을 발견하게 됩니다. 또한 모네의 그림은 칸딘스키의 내면 깊은 곳에 웅크리고 있던 그림을 향한 욕망을 폭발시켰습니다. 전시회에서 돌아온 칸딘스키는 화가가 되기로 결심합니다. 그는 스스로를 "다시 태어났다"고 표현합니다.

+ 푸른 초원을 내달리는 청기사처럼

드디어 칸딘스키는 그림 공부를 위해 독일 뮌헨으로 떠납니다. 그는 미술 학교에 들어가서 먼저 미술의 기초부터 배웠습니다. 사립예술학교에 등록하고 새로운 삶을 살게 되죠. 당시 작품을 한 점 감상해보겠습니다.

그의 초기작 〈오래된 도시 2〉입니다. 이 그림 역시 추상화로 보이지는 않습니다. 대상을 보고 형태를 재현했다는 것을 알 수 있습니다. 자신에게 큰 인상을 주었던 모네의 그림을 떠올리면서 인상주의 화풍으로 그렸습니다. 다만 칸딘스키는 학교 교육을 받으면서도 가르침을 그대로 따를 생각은 없었는데요. 당시 유행하는 다양한 화풍을 실험하고 독자적인 추상 방법을 모색했습니다. 당시 이 작품에 대한 평가는 박했습니다. 그때까지만 해도 여전히 예술학교 교사들은 점수를 매겨 그림을 평가하는 보수적인 방식을 고수했는데요. 그들

Old town 2
오래된 도시 2
바실리 칸딘스키
1902

Blue rider
청기사
바실리 칸딘스키
1903

은 "전통적인 화가들의 그림은 반대하면서 새로운 방식을 찾겠다고 하지만 그저 색채만 요란하게 그렸다"라며 비난했고 "색상이 너무 밝으며 그림 실력이 부족하다"라고 평했습니다.

당시 재미있는 작품이 하나 있는데요. 인상주의의 영향이 고스란히 전해지는 〈청기사〉입니다. 푸른 초원에 말을 타고 달리는 기사의 모습을 그렸습니다. 청기사가 앞을 향해서 힘차게 달려 나가고 있습니다. 이 청기사의 모습은 회화의 세계에 뛰어든 칸딘스키 자신의 모습을 묘사한 것으로 분석됩니다. 칸딘스키는 유독 청기사를 좋아했는데, 이후 그의 작품 속 중요한 모티프가 됩니다.

Couple riding

말 탄 연인

바실리 칸딘스키

1906

그의 그림은 이후 점점 더 명확한 형태보다는 색, 면, 혹은 점으로 표현됩니다. 말 탄 기사를 표현한 또 한 점의 그림과 비교해보면 더욱 잘 알 수 있습니다.

1906년 작품 〈말 탄 연인〉입니다. 점을 찍어 표현한 야경이 반짝반짝 빛이 납니다. 신인상주의의 점묘법을 실험했다는 것을 쉽게 알 수 있습니다. 이처럼 초기에는 시적이면서도 동화 같은 옛날이야기를 모티프로 그림을 그렸는데요. 이 작품에선 특히 더 신비로운 분위기가 느껴집니다.

칸딘스키의 작품은 시간이 흐를수록 그 대상을 알아보기가 힘들어지는데, 이 작품은 추상으로 넘어가기 직전의 작품으로 볼 수 있겠습니다. 칸딘스키는 여러 지역을 여행하며 피카소, 라울 뒤피, 마티스 등의 전위적인 화가들의 작품을 접하며 영향을 받게 됩니다.

다른 문화를 접할 수 있는 여행은 그래서 굉장히 중요합니다. 당시에는 더욱 그랬을 터입니다. 그래서 수많은 예술가들이 여행에서 영감을 얻죠. 저 역시 날이 갈수록 "여행은 나에게 있어 정신이 도로 젊어지는 샘이다"라는 동화작가 안데르센의 말을 실감하게 됩니다.

특히 파리에서 접한 야수파의 작품은 그가 색을 다시 이해하고 내면의 감정을 색으로 표현할 수 있도록 만들어줍니다. 〈가을 풍경과 배〉를 보면 잘 알 수 있습니다. 무엇보다 색감의 영향이 생생하게 느껴지지요. 다양한 사조를 흡수하고 연구하며 변화하는 과정이 작품에 잘 담겨 있습니다. 사실 이 시기는 칸딘스키에겐 괴로움의 시간이기도 했습니다.

자신이 창조하고자 하는 추상의 길로 나아가는 길은 만만치 않

Autumn Landscape with Boats
가을 풍경과 배
바실리 칸딘스키
1908

았습니다. 길을 잃고 있는 듯했죠. 그런 칸딘스키는 예술의 돌파구가 되는 또 한 번의 놀라운 사건을 겪게 됩니다.

+ 나는 내 영혼에서 갖가지 색을 보았다

1908년 어느 날, 칸딘스키는 야외 스케치를 마치고 작업실로 돌아왔습니다. 그런데 작업실 구석에 한 번도 본 적 없는 아름다운 작품이 놓여 있었습니다. 빛에 살짝 비치는 그 작품은 무엇을 그린 것인지 알아볼 수 없었는데요. 그는 그저 아름다운 색채와 점으로 구성된 그림에 완전히 흠뻑 매료되었습니다. 자기 작업실에 있는 그림이라면 분명 자신의 그림이어야 했지만 알 수가 없었습니다. 대체 어떤 그림인지 보기 위해 가까이 다가갔을 때 그는 깜짝 놀랐습니다. 도대체 누구의 작품이었을까요? 놀랍게도 옆으로 눕혀져 있던 자신의 그림이었습니다. 당시를 칸딘스키는 이렇게 회고합니다.

> 화실 문을 열었을 때 갑자기 말할 수 없이 눈부시게 아름다운 그림 한 폭을 대하게 되었다. 너무 놀란 나머지 그것에 매료되어 그 자리에 멈추어 섰다. 그 그림에는 주제가 없으며 유추할 만한 어떤 오브제도 묘사되어 있지 않았다. 화면은 색채의 찬란한 얼룩들로 채워져 있었다. 가까이 다가갔을 때 비로소 그것이 무엇인지 알 수 있었다. 그것은 비스듬히 세워둔 나의 그림이었다.

어떤 한 순간의 영감은 일생의 체험과 맞먹는다고 했습니다. 형태의 재현이 자신의 작품을 해치고 있다는 것을 깨달은 순간입니다. 뒤집어진 작품은 추상의 신호탄이 되었습니다. 이후 등장하는 그의 작품들은 대부분 〈즉흥〉, 〈구성〉, 〈인상〉으로 구분되는데요. 대부분 연작입니다. 지금부터 그 수많은 연작들 중 몇 점을 만나보겠습니다.

첫 작품은 〈즉흥 19〉입니다. 이 시기 칸딘스키는 음악에도 심취해 있었습니다. '즉흥(Improvisation)'이란 주로 음악에 쓰이는 용어입니다. 연주자가 자의로 악보를 벗어나 연주하는 것을 일컫습니다. 마치 악보를 벗어나는 것처럼 기존 미술이 지켜야 할 모든 틀을 벗어나 작가의 상상 속에서 일어나는 강렬한 경험을 붉은색, 푸른색, 노란색의 3원색을 중심으로 캔버스에 옮겨놓는 시도였습니다. 평론가들은 '즉흥' 시리즈 전체를 "음악과 음향을 회화로 표현한 작품"이라고 언급하기도 합니다.

어느 날 그는 바그너의 오페라 〈로엔그린(Lohengrin)〉을 감상하고 나서 중요한 말을 남깁니다.

> 나는 내 영혼에서 갖가지 색을 보았다. 내 눈앞에 색이 있었다. 그리고 거친 선들이, 거의 미친 듯한 선들이 내 앞에 펼쳐졌다. (……) 색상은 건반이고 정신은 피아노, 화가는 피아노를 연주하면서 영혼을 울리는 손이다.

음악을 감상하며 느꼈던 찬란한 색채들을 과감하게 캔버스 위로 펼치기 시작했던 것입니다. 칸딘스키는 화음만으로 청중의 심금을 울릴 수 있는 것처럼, 회화도 색채나 선만으로 대상을 표현해내는 일이 가능하다고 생각했습니다.

〈인상 3〉의 부제는 '콘서트'입니다. 칸딘스키는 여느 때처럼 친구들과 콘서트를 보러 갔습니다. 도데카포니(Dodekaphonie)의 창시자로 널리 알려진 아르놀트 쇤베르크(Arnold Schonberg)의 공연이었습니다. 쇤베르크는 기존의 작곡 형식을 과감히 무시하고, 총 12음계를 구성한 다음 이를 바탕으로 작곡을 했는데요. 이는 당시 매우 혁신적

Improvisation 19
즉흥 19
바실리 칸딘스키
1911

Impression 3

인상 3

바실리 칸딘스키

1911

인 일이었고, 칸딘스키는 이 공연에서 큰 감동을 받았습니다. 음악에서 관습적인 형식을 파괴한 것처럼, 회화에서도 그럴 수 있다며 응원까지 받았습니다. 그리고 집으로 돌아와 당시의 감각을 떠올리며 이 작품을 완성시켰죠.

조금 더 자세히 살펴보겠습니다. 상상력이 조금 필요합니다. 중앙에 커다란 검은 피아노가 있습니다. 전체적으로 시선을 사로잡습니다. 주변엔 음악을 듣는 관중들이 자리를 메우고 있습니다. 그리고 이곳은 음악의 에너지로 가득 차 있습니다.

이날 공연은 칸딘스키의 생각에 다시금 확신을 주는 계기였습니다. 바로 작품에 사물이나 이야기가 없더라도 사람들에게서 공감과 감정을 끌어낼 수 있다는 것입니다.

다음으로 감상할 작품은 지금까지 살펴본 작품들과는 조금 다릅니다. 〈구성 5〉는 형상을 알아볼 수 없는, 전체적으로 추상적인 내용만 담긴 첫 작품이었습니다. 여러분의 눈에는 무엇이 보이나요? 정해진 답은 없습니다. 여러분의 상상에 맡길 수밖에 없습니다. 그래서 추상화에는 '무제'가 많습니다.

칸딘스키는 같은 해 열린 신예술가협회 전시회에 이 작품을 출품합니다. 하지만 보수적인 심사위원들은 그의 작품을 거부했습니다. 작품 크기가 협회에서 정한

Composition 5

구성 5

바실리 칸딘스키

1911

기준에 맞지 않는다는 것과 추상적인 내용으로 가득 찬 이 작품을 도무지 이해할 수 없다는 이유였죠.

+ 시간 위를 흘러가는 작은 순간들을 놓치지 않으며

칸딘스키는 이후 협회를 탈퇴합니다. 그리고 자신과 뜻이 맞는 화가들인 프란츠 마르크(Franz Marc), 아우구스트 마케(August Macke)와 함께 '청기사파(Der Blaue Reiter)'라는 모임을 만들었습니다. 칸딘스키는 기사를, 프란츠 마르크는 말을 좋아했습니다. 그리고 두 사람 모두 가장 좋아하는 색이 청색이었기에 지어진 이름입니다. 이 진보적인 그룹에서 칸딘스키는 추상작품들을 마음껏 그려냅니다. 그럼 이 장의 처음에서 본 작품을 다시 떠올려볼까요.

그림에 에너지가 넘칩니다. 마음을 열고 선과 색이 주는 리듬감, 에너지를 느껴보세요. 그리고 불분명한 형태 속에서 나만의 상상력으로 어떤 대상을 발견해보는 것도 감상 포인트입니다. 자유로운 상상이 추상화의 매력이니까요.

추상화를 보는 가장 쉬운 방법을 알려드리겠습니다. 자, 먼저 하늘을 상상해보세요. 구름이 굉장히 많이 낀 날 하늘을 올려다본다고 생각해보는 겁니다. 여기서 하늘은 캔버스입니다. 특정한 형태가 없는 구름은 그날그날 자유롭게 떠다닙니다. 마치 추상화처럼요. 하지만 사람들은 자신의 경험과 추억을 떠올리며 자신만의 그림을 발견합니다. 누군가는 구름에서 강아지 형태를 발견하기도 하고 고양이를 상상하기도 합니다. 어느 날은 사람 옆모습처럼 보이기도 하고요. 모두 경험한 적 있을 것입니다. 그렇습니다. 추상화도 그렇게 편안하게 감상하면 됩니다.

+ 예술가로 산다는 것은

마지막으로 칸딘스키의 후기작 중 한 작품을 더 만나보겠습니다. 저는 이 작품을 처음 봤을 때 가장 먼저 원의 색들이 참 예쁘다는 인상부터 받았습니다. 형형색색의 달콤한 사탕처럼 보이기도 했으니까요. 그저 색을 감상하는 것만으로도 기분이 즐거워집니다. 칸딘스키는 작품 활동 후기에 '원'에 심취했습니다. "내가 말을 좋아했던 것만큼이나 원 모양을 좋아하게 되었다"라고 말하기도 했죠. 그는 원에서 '절제'와 '활기'를 동시에 느꼈다고 합니다.

칸딘스키는 여러 권의 서적을 집필하기도 했습니다. 대표작인 『점, 선, 면』과 『예술에서 정신적인 면에 대하여』에서는 추상화가 탄생할 수밖에 없었던 이유를 이론적으로 설명하고 있습니다. 또한 그 유명한 '바우하우스'에서 학생들을 가르치기도 했습니다.

하지만 1933년 나치의 탄압으로 바우하우스가 강제로 폐쇄되자 파리로 망명했고 작품이 너무 추상적이라는 이유로 평단으로부터 '퇴폐 예술가'로 낙인찍히기도 했습니다. 1944년 78세의 생일에 그는

Several Circles
여러 개의 원
바실리 칸딘스키
1926

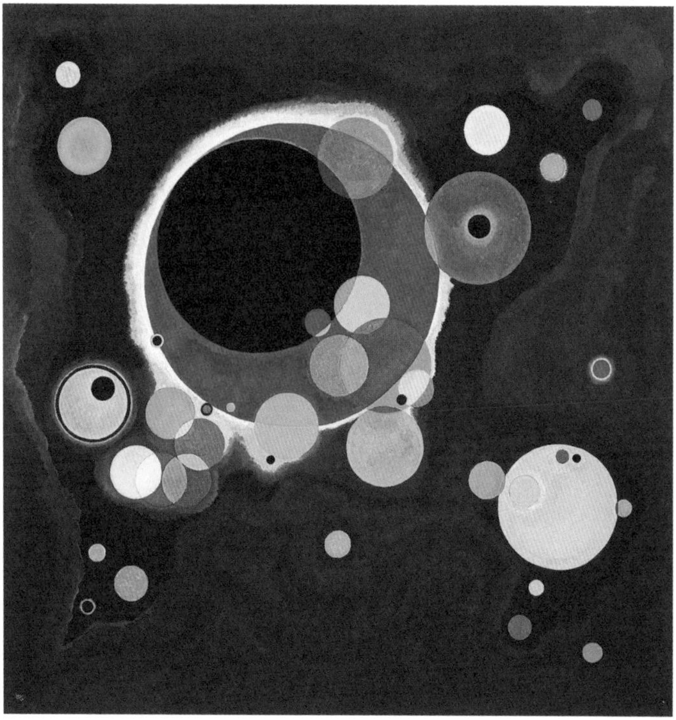

친구들과 조그만 파티를 열었는데요. 이 소소한 행복의 시간을 보내고 얼마 지나지 않아 잠을 자던 중 조용히 세상을 떠났습니다. 나치가 패망하는 것을 미처 보지 못한 채 말입니다.

예민하고 섬세했던 성격의 칸딘스키는 끊임없이 마음을 진동시키는 감정을 캔버스에 표현해야 했습니다. 그것을 이루기 위해 법조인이라는 안정된 길을 포기하고 예술의 세계로 인생의 경로를 틀었습니다.

생의 질문과 이유를 좇아 평생을 바친 그의 삶은 결코 세속의 기준으로 그 성공과 실패로 나눌 수 없을 것입니다. 인생 자체만으로 가치가 있습니다. 결국 그가 탐구한 추상의 세계는 현대미술을 한 단계 끌어올렸습니다.

그가 추상화를 그리게 된 계기가 되었던 사건들을 다시 기억해봅니다. 모네의 그림을 본 그날, 뒤집어진 자신의 그림을 본 순간, 음악에 감동했던 그 저녁, 어떻게 보면 대부분의 사람은 그냥 지나칠 수 있었던 순간들입니다. 한 사람의 인생에 하나의 '사건'이 되지 못했을 지나가는 숱한 것들 중 하나였을 것입니다.

예술가들은 이처럼 사소한 경험과 사건으로부터 영감을 받습니다. 그리고 그런 작은 사건과 경험들을 놓치지 않고, 그것을 나만의 관점으로 해석해내죠. 지금껏 그 누구도 만들지 못한 새로운 무엇인가는 그렇게 탄생합니다. 칸딘스키의 한마디를 기억하며 그의 추상을 다시 한 번 떠올려봅니다.

> 영혼은 현들이 어우러진 피아노다. 그리고 예술가는 그것을 연주하는 손이다.

제10화 오귀스트 르누아르

저 그림처럼만 행복할 수 있다면

Vincent van Gogh
Edouard Manet
Pierre Bonnard
Edgar De Gas
Paul Cézanne
Henri Rousseau
Suzanne Valadon
William Turner
Wassily Kandinsky
Auguste Renoir
Edvard Munch
André Brasilier

Pierre-Auguste Renoir

–

1841~1919

"고통은
지나간다네.
그리고
아름다움은
영원하다네."

나는 지금 행복한 걸까? 나는 정말 행복한 걸까? 곰곰히 생각해보아도 간단하게 대답하기는 어렵습니다. 도무지 답하기 힘든 질문에 너무 매달리지 말라고 했던가요. 그러면 인생이 그 곤란한 구멍에 콕 박혀 한 발짝도 앞으로 나아가지 못한다고 말입니다.

대답을 미루고 또 미루었던 행복에 관한 질문, 그것은 곧 인생의 의미에 관한 질문입니다. 고된 하루를 잘 마치고 집으로 돌아오는 저녁 길에도, 혹은 오래도록 바라던 일이 이루어진 순간에도, "나는 지금 100퍼센트 행복하다"라고 자신 있게 말하기는 힘들 것 같습니다.

> 행복을 얻고자 한다면, 숲에서 버섯을 찾듯 행복을 찾아야 한다. 그리고 행복을 찾거든 그것이 독버섯인지 아닌지를 잘 살펴야 한다.

러시아의 대문호 막심 고리키는 행복해지기를 바라는 사람들에게 이렇게 조언했습니다. 그래도 저는 행복의 버섯 하나는 찾은 것 같습니다. 이미 아시겠지만 바로 '그림'입니다. 그림을 감상하는 시간은 제게 확실한 쉼표의 시간입니다. 아무리 그것이 일과 관련된 경우일

지라도, 그림 앞에 서 있으면 어느덧 캔버스와 물감은 제게 회복과 치유를 선사합니다. 예술은 그렇게 나도 모르는 사이 사람의 마음을 물들이고 움직이는 것 같습니다. 그것이 감동(感動)이겠지요.

그리고 여기 그림 속에 세상의 기쁨만 담길 바랐던 화가가 있습니다. 그 유명한 르누아르입니다. 그의 대표작 〈물랑 드 라 갈레트〉는 요즈음 식으로 표현하자면, 당시 핫 플레이스에 모인 셀럽들, 훈남, 훈녀 들의 모습을 담은 그림이라 할 수 있겠습니다. 춤을 추고 서로에게 관심을 표하고 즐거운 시간을 만끽하고 있습니다. 때마침 햇빛이 나무들 사이로 비춰 사람들을 빛나게 합니다. 활기찬 분위기와 밝은

Dance at Le Moulin de la Galette
물랑 드 라 갈레트
오귀스트 르누아르
1876

Self-Portrait
at the Age of Thirty Five
자화상
오귀스트 르누아르
1876

햇살, 그리고 사람들의 환한 표정을 보고 있으면 행복의 감정이 이내 전해집니다. 르누아르는 사람들의 소소한 일상을 그리면서, 행복은 멀리 있는 게 아니라 언제나 가까이에 있다는 것을 우리에게 말해주는 것 같습니다.

> 나는, 만일 풍경화라면 그 속을 유랑하고 싶고, 만일 여성을 그린 것이라면 그들을 사랑하고 싶은 것 같은 그림이 좋다.

〈물랑 드 라 갈레트〉를 그릴 무렵의 〈자화상〉 속 르누아르의 눈빛이 아주 초롱초롱합니다. 르누아르는 부모의 말을 잘 따르고 늘 새로운 배움을 추구하는 근면하고 성실한 인물이었습니다. 그는 그림에 행복한 순간을 담고 싶어 했습니다. 실제로 그의 그림에는 함께 살아가는 사람들의 행복한 모습이 많이 등장합니다.

그의 삶은 어땠을까요? 그림만 떠올려도 부르주아 집안에서 태어나 아무런 걱정 없이 살았을 것 같나요? 사실 르누아르의 인생이 그림처럼 밝기만 했던 것은 아닙니다. 누구에게나 말하지 못하는 아픔이 있듯이, 그에게도 고통의 순간들은 계속해서 찾아왔습니다. 하지만 그림에서만큼은 행복하기를 바랐던 것 같습니다.

르누아르는 1841년 프랑스에서 태어났습니다. 재봉사였던 아버지와 바느질을 하며 남편을 돕던 어머니 슬하에서 태어났죠. 르누아르는 학창 시절 이미 성악과 스케치에 뛰어난 재능을 보였는데요. 그의 집이 넉넉하지 못한 까닭에 아버지의 제안으로 열세 살의 나이에 견습생으로 도자기 공방에 들어갔습니다. 그곳에서 도자기에 그림 그리는 일을 배웠습니다.

그림에 재능이 있었던 르누아르는 남들보다 빠르게 습득했습니다. 접시와 찻잔에 그림을 그려 넣었습니다. 이때의 배움은 르누아르의 그림 인생에 커다란 영향을 미칩니다. 그림에 관심이 많았던 그는 일하는 동안 데생을 배우기도 하고 미술관에 가서 거장들의 그림을 공부했습니다. 열여섯 살의 나이에 루브르 박물관의 그림을 모사할 수 있는 자격을 얻었습니다. 이는 당시 젊은 화가들에게는 무척 자랑스러운 일이었습니다.

그렇게 실력을 쌓던 르누아르는 이후 공방을 나와서 본격적으로 그림을 배웁니다. 당시 전통적인 그림을 고수하던 스위스 출신의 예술가 샤를 글레르(Charles Gleyre)의 화실에 들어가게 되는 것이죠. 이곳에서 훗날 인상파 화가로 명성을 떨칠 모네, 피사로, 바지유 등의 친구들을 만나게 됩니다.

+ 오직 행복의 순간을 찾아서

〈뱃놀이에서 돌아옴〉은 바로 샤를 글레르 화실에서 그림을 공부하던 때의 그림입니다. 파란 하늘과 바다를 배경으로 배와 사람들이 보입니다. 제목처럼 뱃놀이를 마치고 돌아온 이들의 모습인데요. 르누아르는 당시 고전주의 화가들의 작품을 참고해서 이 작품을 완성했습니다. 이 시기 작품의 특

The Return of the Boating Party
뱃놀이에서 돌아옴
오귀스트 르누아르
1862

징은 고요함이라고 할 수 있습니다. 여행을 함께하고 돌아온 사람들의 모습에서 편안함이 느껴집니다. 당시 화실에서 지낼 때의 흥미로운 일화가 있는데요. 어느 날 샤를 글레르가 자신이 알려준 방식대로 그리지 않는 르누아르를 보며 물었답니다. "너는 너 자신의 즐거움을 위해서 그림을 그리는구나?" 르누아르는 웃으며 이렇게 답했다고 합니다. "그럼요, 그림 그리는 게 즐겁지 않다면 그릴 이유가 없잖아요."

앞으로 만날 르누아르의 그림에 대한 철학이 이 한마디에 담겨 있는 듯합니다. 르누아르는 그림을 그리는 것이 진정 행복했던 것 같습니다. 얼마 뒤 글레르가 은퇴하자 르누아르는 자신과 마음이 맞는 모네, 바지유 등 동료들과 함께 보다 더 자유롭게 그림을 그리기 시작합니다. 특히 그들은 바르비종(Barbizon)파의 영향을 받았습니다. 바르비종은 퐁텐블로 숲 근처의 작은 마을 이름인데요. 바르비종파 화가들은 이곳에서 전통적인 아카데미 회화에 반대하고 야외 숲이나 농촌 풍경을 낭만적으로 담아냈습니다. 르누아르도 이곳에 자리를 잡고 그림을 그렸습니다. 그때의 그림을 한 점 감상해보겠습니다.

〈퐁텐블로 숲의 쥘 쾨르〉 속 나뭇잎이 붉게 물들었습니다. 따뜻한 숲속입니다. 그 길을 친구가 걷고 있습니다. 그 옆엔 강아지 두 마리가 동행합니다. 아마 이곳에서의 시간이 행복했던 것 같습니다.

이곳에서 르누아르는 모네와 함께 그들만의 독특한 양식을 찾기 위해 노력했습니다. 어느 날 그가 존경하는 풍경화가 나르시스 디아즈(Narcisse Virgilio Diaz)를 만나게 되는데요. 그는 르누아르의 그림을 칭찬해주었습니다. 다만 조금 아쉬운 점이 있다면 지나치게 어두운 색을 썼다며 좀 더 밝은색을 썼으면 좋겠다고 충고합니다. 르누아르

The Painter Jules Le Coeur Walking His Dogs in the Forest of Fontainebleau
퐁텐블로 숲의 쥘 쾨르
오귀스트 르누아르
1866

는 그 충고를 진지하게 받아들이고 용기를 얻게 됩니다.

이 색과 관련해서는 흥미로운 일화도 전해집니다. 르누아르가 1864년 살롱전에 출품한 작품이 입선을 하며 심사위원들에게 좋은 평가를 받았습니다. 하지만 르누아르 자신은 그림이 마음에 들지 않았습니다. 디아즈의 충고를 받아 밝게 그리려 했지만 자신이 보기에 여전히 어두운 갈색이 많았기 때문입니다. 그림에 만족하지 못한 르누아르는 끝내 자신의 작품을 찢어버렸습니다. 그래서 현재 그 작품을 볼 수 없게 되었죠.

그러한 엄격함으로 르누아르는 마침내 모네와 함께 최초의 인상주의 화법이 보이는 작품을 완성합니다. 〈라 그르누에르〉와 〈라 그르누에르의 수영객들〉입니다.

당시 그르누에르는 파리 사람들이 즐겨 찾는 물놀이 장소였습니다. 주말이면 파리에서 기차를 타고 이곳에서 축제를 즐기듯 놀았습

La Grenouillere
라 그르누에르
오귀스트 르누아르
1869

Bathers at La Grenouillere
라 그르누에르의 수영객들
클로드 모네
1869

Bazille's Studio
바지유의 스튜디오
프레데리크 바지유
1870

니다. 르누아르도 모네와 함께 이곳에서 그림을 그렸지요. 둘이 같은 기간에 이곳을 그린 작품입니다. 두 사람의 붓 터치가 흡사하다는 것을 알 수 있습니다. 햇빛에 따라 달라지는 색채를 인상주의의 특징인 수많은 붓질로 표현했습니다.

그럼 이 두 사람의 절친한 동료였던 프레데리크 바지유(Frédéric Bazille)의 작품도 한 점 감상해보겠습니다. 〈바지유의 스튜디오〉는 당시 화가들의 관계를 잘 보여줍니다. 아틀리에에 화가들이 모여 있는데요. 그림 가운데 모자를 쓰고 이젤 앞에 서 있는 남자는 마네입니다. 반갑죠? 그 오른편에 팔레트를 든 채 마네의 의견을 경청하고 있는 사람이 바지유고요. 마네 뒤에서 손으로 턱을 괴고 그림을 보는 남자는 모네입니다. 그리고 더 왼편, 의자에 앉아 있는 남자가 바로 르누아르이지요. 그림 속 스튜디오를 보면 한 사람이 쓰기에는 꽤나 넓은 것 같습니다. 바지유의 마음 씀씀이가 느껴지는 대목입니다. 부유한 집안 출신인 그는 널찍한 스튜디오를 빌려 모네와 르누아르에게 함께 그림을 그리자고 제안했습니다. 벽에 걸려 있는 그림도 마네, 모네, 르누아르의 작품입니다. 바지유는 팔리지 않는 친구의 작품을 사주었습니다. 대중의 외면과 비난 속에서도 서로 의지하며 자신의 길을 걸었던 젊은 화가들의 동료애를 엿볼 수 있는 작품입니다.

+ 슬픔과 아픔의 폐허, 그 위에서도

예술로 즐겁고 동료애로 뜨거웠던 이들에게도 아픔이 찾아옵니다. 1870년에서 1871년까지 프랑스-프로이센 전쟁이 있었습니다. 이 전쟁은 많은 젊은 화가들에게도 커다란 상처를 주었습니다. 프랑스의 패배로 전쟁이 끝나고 파리에서는 피의 일주일이라 불리는 참혹한 사건까지 일어나게 됩니다. 모네는 징집을 피해 영국으로 갔고, 시슬레는 집을 약탈당해 극심한 생활고에 시달렸습니다. 르누아르는 기병대로 입대했습니다. 이질에 걸려 전투에는 참전하지 않았지만 심한 우울증에 빠지게 됩니다. 그리고 안타깝게도 가장 친한 친구였던 화가 바지유를 잃게 되었습니다. 바지유는 경제적으로 어려운 르누아르에게 자신의 작업실과 집을 내어주던 친구였습니다. 르누아르가 살롱전에 낙선했을 때 바지유는 친구의 실망을 조금이라도 덜어주려고 몰래 르누아르의 그림을 사들였습니다. 아마 이 전쟁에서 바지유가 사망하지 않았더라면 훌륭한 인상파 화가로 기억됐을 겁니다. 르누아르는 친구의 부고를 듣고 크게 절망했습니다.

전쟁이 끝난 후 파리로 돌아오니 파리는 폐허가 되어 있었습니다. 하지만 돌아온 이들은 다시 붓을 들었습니다. 르누아르 또한 전쟁에 대한 두려움, 죽음에 대한 공포 속에서도 계속 그림을 그렸습니다. 하지만 우울증으로 고통스런 나날이기도 했지요. 왜 항상 힘든 일들은 연이어 찾아오는 걸까요. 집세를 지불할 돈이 없을 정도로 궁핍했고 마침내 화실까지 압류당했습니다. 하지만 그림에서만큼은 빛이 사라지지 않았습니다. 그의 그림은 여전히 화려하고 빛났습니다. 르누아르의 그림에서는 그늘 한 점 발견할 수 없었습니다. 그림만이 그를 버티게 해주었던 것입니다.

다행히 르누아르에게 후원자가 나타납니다. 화상이었던 뒤랑 뤼엘(Paul Durand-Ruel)이 그들의 그림을 알아보고 구입했습니다. 비싼 값은 아니었지만 그 덕분에 르누아르는 계속 그림을 그릴 수 있었습니다. 1874년 르누아르는 뜻이 맞는 사람들과 함께 전시회를 열었습니다. 그 전시는 이후 최초의 인상주의 전시회로 역사가 기념하게 됩니다.

이 전시에서 모네의 〈인상, 해돋이〉 그림이 큰 이슈를 불러일으키며, '인상파'라는 이름이 세상에 나타나게 됩니다. 전시회는 평론가들에게 큰 비난을 받았지만 이 젊은 화가들은 주눅 들지 않았습니다. 그들은 그들의 그림을 더욱 발전시켜나갔습니다. 르누아르는 이후 자신의 특징을 더욱 살려 아름다운 선남선녀의 모습을 짧은 붓 터치로 표현하며 인상주의 회화 스타일을 펼칩니다. 그는 여전히 가난했지만, 캔버스에 아픔을 담긴 싫었던 것 같습니다.

〈그네〉 역시 그 힘들었던 시절의 작품입니다. 르누아르는 나뭇잎에 일렁이는 햇빛을 그리고 있습니다. 남자의 양복에서부터 여인의 흰 드레스, 아이의 모자까지 비추고 있습니다. 그림 속 주인공은 동네에 살던 잔이라는 여성입니다. 화창한 여름날 그네를 타던 중이었죠. 그녀 앞에 한 남자가 나타나 말을 걸고, 그네를 타던 그녀는 수줍게 얼굴이 붉어졌습니다. 왼편에 한 남자와 어린아이가 이 장면을 재밌

The Swing
(La Balançoire)
그네
오귀스트 르누아르
1876

게 쳐다보고 있는 것도 감상 포인트입니다. 나무그늘 사이의 따스한 햇볕과 부드러운 붓 터치로 표현한 젊은 남녀의 대화, 그것을 바라보는 인물들을 통해 기분 좋은 하루를 편안하게 그려내고 있습니다. 자연뿐 아니라 인물 묘사에도 정성이 느껴집니다.

+ 젊음과 기쁨, 넘침과 설렘

그의 대표작 〈물랑 드 라 갈레트〉를 다시 떠올려봅니다. 파리의 번화가 몽마르트르에서 사크레 쾨르 성당으로 오르는 언덕길에는 파리 시민들의 놀이 장소였던 물랑 드 라 갈레트가 있었습니다. 방앗간을 고쳐 만든 이곳은 무희들이 나와서 춤도 추고 노래도 하던, 당시 파리 시민들이 즐겨 찾던 명소였습니다. 블뤼트 팽(Blute Fin)이라고도 불렸죠. 르누아르의 집에서도 가까운 곳이었습니다.

르누아르는 이 작품을 세 번째 인상주의 전시에 출품했습니다. 그의 가장 뛰어난 걸작이며 인상주의 회화의 선언적 작품으로 평가받죠. 여인들은 남자들과 어울려 즐거운 대화를 나누거나 춤을 추며 흥겨운 분위기를 맘껏 즐깁니다. 또 춤을 추다가 눈을 맞추고 환담을 주고받습니다. 오른쪽 나무를 보세요. 모자를 쓴 남자가 여성에게 호감을 표해보지만 눈길도 주지 않습니다. 오른쪽 테이블에 앉아 있는 여러 인물의 시선을 따라가다 보면 당시 누가 누구를 좋아했는지 알 수 있습니다. 자세히 보면 안타깝게도 시선이 맞는 사람이 별로 없습니다. 르누아르는 이 댄스홀의 활기차고 즐거운 분위기를 생생하게 전달하고 싶었습니다. 그가 그토록 표현하고자 했던 밝은 색채감이 쏟아지는 대표작이라 부를 만합니다. 정말 기분 좋지 않나요.

이토록 활기찬 장소를 그렸다면 누구나 그렇게 그리지 않았을까 싶기도 합니다만, 같은 곳을 그린 다른 화가의 작품을 보면, 르누아르가 얼마나 사람들 속으로 들어가서 그들의 행복을 그리려 노력했는지 잘 알 수 있습니다.

반 고흐는 〈물랑 드 라 갈레트〉를 이렇게 그렸습니다. 비록 몇 년 뒤에 그려진 작품이긴 하지만 확연한 차이를 느낄 수 있습니다. 아시다시피 반 고흐는 사람들과 잘 어울리지 못했습니다. 고독 속에서 대작을 탄생시켰죠. 그가 그린 이곳에는 오히려 쓸쓸함마저 느껴집니다. 화가의 태도에 따라 같은 장소도 이렇게 다르게 표현된다는 점이 참 흥미롭습니다.

Le Moulin de la Galette
물랑 드 라 갈레트
빈센트 반 고흐
1886

르누아르의 또 한 편의 명작 〈뱃놀이 일행의 점심 식사〉를 감상해보겠습니다. 보는 순간 왁자지껄한 밝은 기운이 전해지지요. 르누아르와 친구들이 센 강변 근처 식당에 모여서 점심을 즐기고 있습니다. 청춘남녀가 야외에서 음식을 먹으며 떠들썩하게 노는 이 그림에는 생활의 기쁨과 활력이 넘칩니다. 왼편 아래 개를 안고 있는 여인은 르누아르의 아내가 될 알린 샤르고입니다.

그런데 이 작품에는 독특한 점이 하나 있습니다. 천천히 인물들을 바라보세요. 발견하셨나요? 자세히 보면 인물들 중 서로 시선이 맞는 사람이 없습니다. 서로를 유혹한다는 사실을 굳이 감추지 않는 남녀 사이의 설렘이 생생합니다. 르누아르는 누가 누굴 좋아하고 있는지 알고 있던 건 아닐까요? 인물들의 시선을 연결시켜보니 마치 사랑의 작대기 같습니다.

+ 여행 후에 오는 것들

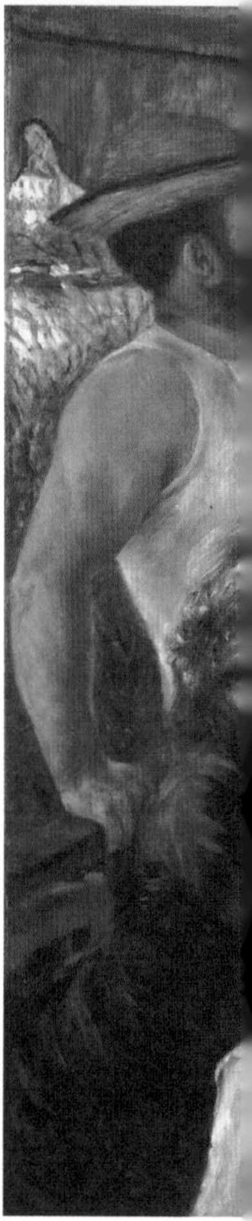

인상주의 화가들이 첫 전시회를 연 이후에 대중들의 비난은 거셌습니다. 하지만 시간이 지나며 그들의 그림을 옹호하는 여론이 생깁니다. 그리고 르누아르의 생활도 조

The Luncheon of the Boating Party
뱃놀이 일행의 점심 식사
오귀스트 르누아르
1881

금씩 나아지기 시작했습니다. 그는 자신의 예술을 더욱 발전시키고 싶었습니다. 새로운 영감을 얻기 위해서는 새로운 채움이 필요합니다. 그는 여행을 떠났습니다. 북아프리카 알제리로 그리고 또 이탈리아로…….

르누아르는 풍경보다는 인물을 그리는 것을 좋아했지만, 여행을 다닐 때만큼은 아름다운 풍경화를 그렸습니다. 베네치아에서 르누아르는 성당과 박물관을 방문했습니다. 그리고 르누아르 스타일의 풍경화를 남겼죠. 〈베네치아 대운하〉입니다. 대운하의 건물들과 떠다니는 곤돌라를 그렸는데요. 운하에 비친 빛의 표현이 너무나도 매력적이죠. 모든 것이 뿌옇습니다. 단순한 색으로 안개와 대기를 풍부하게 표현하고 싶었던 인상주의 화가답습니다.

〈나폴리 항구〉는 르누아르가 이탈리아를 여행했던 사실을 알려주는 중요한 작품이기도 합니다. 이 작품에서는 빛의 효과와 투명한 대기를 표현하고 있습니다. 그는 여행에서 르네상스 거장들의 작품, 특히 나폴리에서 보게 된 폼페이 벽화 속 그림들에 푹 빠져들었습니다. 화상 뒤랑 뤼엘에게 보낸 편지는 당시 그의 고민을 이렇게 남기고 있습니다.

> 나는 아직도 연구를 지속해야 하는 병에 걸린 것 같소. 나는 내 작품에 만족하지 못하고 계속 지우는 일을 반복한다오. 나는 여행 중에 많은 작품을 그리지 못할 것 같소. 하지만 많은 연구를 한 후에 그렇듯이 많은 발전이 있을 것이라 생각하오.

View of Venice, Fog
베네치아 대운하
오귀스트 르누아르
1881

The Bay of Naples
나폴리 항구
오귀스트 르누아르
1882

여행에서 돌아온 르누아르는 무도회 시리즈를 탄생시킵니다. 이 시리즈에는 춤을 추는 커플이 등장하는데요. 그중 세트처럼 묶여 있는 작품을 감상하겠습니다. 〈시골에서의 춤〉과 〈도시에서의 춤〉입니다.

먼저 공간부터 살펴보겠습니다. 〈도시에서의 춤〉은 우아한 연회장이고, 〈시골에서의 춤〉은 서민적인 분위기의 무도장입니다. 그리고 실내와 야외 등 여러 가지가 대비됩니다. 따뜻한 색깔과 차가운 색깔, 인위적인 분위기와 자연스러운 공기 등을 대비해놓으면서 차이를 강조하고 있습니다. 그래서 이 그림을 '겨울'과 '여름'이라고 부르기도 합니다. 밝은 얼굴로 웃으며 관람객을 바라보는 여성은 르누아르의 아내 알린 샤르고입니다. 그리고 연회장에서 하얀 실크 드레스를 입고 춤을 추는 여성은 앞서 우리가 만났던 수잔 발라동입니다. 시골에서의 춤이 활기 넘치고 떠들썩한 분위기 속에서 크게 빙빙 도는 것이라면, 도시의 춤은 우아한 왈츠로 느릿합니다.

후대는 이 작품을 걸작으로 꼽습니다. 하지만 당시 르누아르는 이 작품에 만족하지 못했습니다. 그림을 그리면서도 여행 중에 만난 고전 회화에 푹 빠져 있었습니다. 당시 화상에게 보낸 편지에는 이렇게 적혀 있습니다.

> 1883년 무렵, 내 작품에 내재하던 흠이 불거져 나왔소. 나는 인상주의와 더불어 한계에 다다랐고, 나 자신은 그림을 어떻게 그리는지 데생을 어떻게 하는지 모르고 있다는 걸 깨달았소. 간단히 말해 막다른 골목에 이르렀던 것이오.

Dance in the Country
시골에서의 춤
오귀스트 르누아르
1883

Dance in the City
도시에서의 춤
오귀스트 르누아르
1883

+ 예술이 일상이 되고, 일상이 예술이 되는 순간

르누아르는 고전주의 작품을 직접 모방하지는 않지만 자기 그림에 녹여내는 실험을 합니다. 이후 인상파 시기 작품과 달리 인물의 윤곽선이 강조되고 표현이 더 단순해지는데요. 〈우산〉을 보면 잘 알 수 있습니다. 파리의 봄날 나들이를 포착했습니다. 마치 비 오는 날 우연히 찍힌 스냅사진 같습니다. 갑자기 내린 비에 다들 예상한 듯 우산을 꺼내 듭니다. 인물의 형태를 보면 단순하면서도 윤곽선이 깔끔합니다. 르누아르는 말합니다.

Umbrellas
우산
오귀스트 르누아르
1885~1886

> 나는 폼 잡지 않고 영원성을 간직한 그림이 좋다. (……) 매일의 일상 속에서도 거리 한 모퉁이에도 일상성이 존재한다. 냄비를 닦다 잠깐 멈춰 선 하녀의 모습도 올림포스산의 주노 여신 못지않게 위대하다.

그의 예술관이 고스란히 느껴집니다. 르누아르는 일상을 소중하게 여겼습니다. 비슷한 시기 그의 스타일 변화를 볼 수 있는 누드화가 있습니다. 〈머리를 가다듬는 목욕하는 여인〉입니다. 미술사는 이 작품을 그리던 시기를 '앵그르풍의 시대'라고 합니다. 선을 중요시했던 신고전주의의 거장 장 오귀스트 도미니크 앵그르(Jean Auguste Dominique Ingres)의 이름을 딴 표현인데요. 이전의 작품보다 색조는

Nude Fixing Her Hair
머리를 가다듬는 목욕하는 여인
오귀스트 르누아르
1885

Motherhood (Woman Breast Feeding Her Child)
모성
오귀스트 르누아르
1886

더 가벼워졌고 선명한 윤곽선이 특징입니다. 이탈리아에서 만난 고전 벽화 속 누드화에 영향을 받은 것이지요. 하지만 여인의 굴곡과 주변 배경의 표현은 르누아르만의 느낌이 두드러집니다.

이 무렵 아이가 태어납니다. 이후 한 명의 아이를 더 낳게 되고요. 늦은 나이에 아버지가 된 르누아르는 아내와 아이를 돌보며 아들에게 젖을 먹이는 모성을 주제로 그림을 그리기 시작합니다.

〈모성〉은 예술가로서, 한 아이의 아버지로서 행복했던 한때를 묘사한 그림이라 할 수 있습니다. 아들에게 젖을 먹이고 있는 아내의 모습이죠. 따뜻하고 부드러운 색감에서 가족의 행복함이 전해집니다. 그림을 그리고 있을 남편을 바라보는 아내의 눈빛에서도 사랑이 느껴지는데요. 르누아르는 아들과 아내가 함께 있는 모습을 여러 차례 반복해서 그렸습니다.

샤르고와 르누아르는 그의 아틀리에 주변에 있는 작은 식당에서 만났습니다. 곧 그들은 사랑에 빠졌고 그녀는 르누아르의 훌륭한 모델이 되어주었습니다. 르누아르는 주변 인물들에게 영향을 많이 받았는데요. 스타일은 변했어도 작품 속 인물들은 언제나 주변 친구들과 가족이었습니다. 그리고 3년간의 연구 끝에 그는 자신의 변화를 대표하는 대작을 탄생시킵니다. 이 작품은 변화를 알리는 신호탄이 되었습니다. 〈목욕하는 여인들〉입니다.

세 여인이 목욕을 즐기고 있습니다. 현실 속 여성들이지만 분위기와 배경이 마치 신화 속 한 장면처럼 표현된 것이 특징입니다. 피부도 마치 고전 누드화처럼 매끈하고 빛나게 표현되어 있습니다. 그의

The Large Bathers
목욕하는 여인들
오귀스트 르누아르
1887

작품에서 윤곽선이 나타난 지는 이미 오래입니다. 그중에서도 그 특징이 가장 잘 살아난 스스로 인정한 대표작이었습니다. 신체 표현이 실제보다 풍만하고 둥글하게 처리되어 있는 것이 르누아르 누드화의 특징입니다. 이렇게 야심차게 준비했지만 이 작품은 르누아르의 예상을 깨고 혹평에 시달려야 했습니다. 인상파라는 새로운 예술의 선두주자였던 그가 과거에서 영감을 받아 스타일을 바꿨으니 일종의 배반처럼 느껴질 법도 했습니다. 가까운 동료들조차 그가 소신껏 그려왔던 스타일을 모두 버리고 팔리는 작품을 그리려고 과거로 돌아갔다고 불만을 드러냈습니다.

하지만 그것도 잠시, 화가로서 르누아르의 영광은 계속됐습니다. 그는 파리의 상류층과 좋은 관계를 유지했고 많은 이들이 그에게 초

Girl with Flowers
꽃을 안고 있는 소녀
오귀스트 르누아르
1888

상화를 부탁했습니다. 다만 요청이 있을 때는 가끔 예전 인상주의 작품과 유사한 그림을 그리도 했습니다. 〈꽃을 안고 있는 소녀〉는 인상파의 후원자였던 화상 뒤랑 뤼엘의 요청으로 그린 작품입니다. 이 전에 본 누드화와 비슷한 시기의 그림이죠. 혹시 붓 터치의 차이가 느껴지나요? 오히려 인상파 시기의 그림과 흡사합니다.

+ 영원히 사라지지 않을 아름다움을 위하여

르누아르에겐 노년에 예상치 못한 안타까운 사건이 발생합니다. 어느 날 그림을 그리던 르누아르는 자신의 몸에 이상이 생겼다는 것을 감지하게 됩니다. 얼굴에 먼저 신호가 왔습니다. 얼굴에 마비 증상이 찾아왔고 이후 류머티즘 관절염이 나타났습니다. 초기에는 증상이 경미했습니다. 회복을 위해 따뜻한 지역으로 여행을 반복해야 했습니다. 하지만 조금씩 불편해지는 몸도 그림에 대한 열망을 꺾을 수는 없었습니다. 이후 떨리는 손으로도 그는 매우 뛰어난 작품을 그려냈습니다.

1910년 작품 〈자화상〉은 노년에 이른 르누아르의 모습을 솔직하게 표현하고 있습니다. 얼굴엔 주름이 가득하고 수염이 길게 자랐습니다. 더 이상 그에게 에너지 넘치는 모습은 찾기 힘들었습니다. 마치 아는 사람의 모습이기라도 한 듯, 쓸쓸함이 느껴집니다.

이 작품과 비슷한 시기에 아내를 그린 작품도 있는데요. 이전에 등장했던 작품에서보다 나이가 들었다는 것이 확연하게 느껴지죠.

Self-Portrait
자화상
오귀스트 르누아르
1910

손으로 턱을 괴고 한 손에는 키우던 강아지를 안고 있습니다. 르누아르보다 19살이 어린 아내였지만, 이 작품에선 유독 나이가 들어 보입니다. 당시 샤르고는 당뇨병으로 인해 고생하고 있었습니다.

행복한 그림과 달리 르누아르의 노년은 아픔의 연속이었습니다. 어느 날 그는 전시 일정으로 독일에 다녀오는 길에 류머티즘 증상이 더 심해졌습니다. 잠시 붓을 들 수 없는 상황까지 치달았죠. 여러 차례 수술을 받고 나서야 비로소 그림을 그릴 수 있었습니다.

Madame Renoir and Bob
봅과 르누아르 부인
오귀스트 르누아르
1910

몇 년 뒤엔 제1차 세계대전이 발발합니다. 아들은 전쟁에 징집되었습니다. 1915년 다행이 전선에서 돌아왔지만 다리에 부상을 입은 채였습니다. 오랜 시간 병원에 입원해야 했죠. 당시 이미 르누아르는 병으로 걷지도 못했습니다. 그 대신 아내가 아들을 지극정성으로 돌봤습니다. 하지만 아내의 건강 역시 급격히 악화되었고 결국 당뇨가 심해져 56세의 나이로 세상을 떠났습니다. 혼자 남겨진 르누아르의 사진에는 그 아픔이 전부 담겨 있습니다.

손가락 사이에 붓을 끼우고
그림을 그리는 르누아르

늙어간다는 것은 자신의 의지와 상관없이 약해지는 육체와 끊임없이 싸우는 일이기도 했습니다. 르누아르는 불면증과 마비 증세로 고생했고 몸은 말라버렸습니다. 당시 그의 몸무게는 고작 49킬로그램에 불과했다고 합니다. 몸이 마비될 때면 아무것도 하지 못하고 누워 있다가 통증이 멈추면 다시 그림을 그렸습니다.

손과 발이 뒤틀리는 증세가 나타났고 더 이상 여행도 불가능했습니다. 손도 심하게 휘었고, 손톱이 살을 파고들지 않도록 거즈를 감아야 했습니다. 붓을 쥘 수도 없었습니다. 그래도 그는 손가락 사이에 붓을 끼워 고정시킨 뒤에 그림을 그렸습니다. 앉아 있을 수만 있다면, 붓을 들 수만 있다면 매일 그림을 그렸습니다. 르누아르는 최악의 상황에도 최고의 행복을 그렸습니다. 그림에 어둠이 질 법도 하지만, 놀랍게도 그림 속 색채는 생동감이 넘쳤고 마침내 1919년 르누아르는 최후의 대작을 남깁니다. 〈목욕하는 여인〉입니다.

주제는 이전과 같지만, 숲속에서 목욕하는 여인들을 고대 비너스처럼 그렸습니다. 르누아르만의 특유의 풍만한 인체 표현도 눈에 들어옵니다. 현재 오르세 미술관에 전시되어 있는 이 작품은 그가 마지막까지 표현하고자 했던 예술세계를 잘 반영하고 있다는 평을 받고 있습니다. 이 그림에서도 우울과 어둠은 찾아볼 수 없습니다. 언젠가 르누아르를 찾아온 친구가 굽은 손으로 불편하게 그림을 그리는 그

The Great Bathers (The Nymphs)
목욕하는 여인
오귀스트 르누아르
1919

의 모습을 보며 왜 이렇게까지 힘들게 그려야 하는지 물었다고 합니다. 르누아르가 남긴 답은 그가 그림을 통해 평생 하고 싶었던 말이 아닐까 생각됩니다.

고통은 지나가지만 아름다움은 영원하다네.

본인은 고통 속에 있으면서도 영원히 남을 아름다움을 위해 수백 점의 작품을 그려나갔던 것입니다. 그의 그림에는 아픈 몸 안에 갇혀 고통을 받았지만 그림을 그리는 순간만큼은 행복했던 그의 삶이 들어 있었습니다.

+ 슬픔이 터져 빛이 되는 것처럼

어느 날 마지막 외출을 마친 르누아르는 폐렴이 폐출혈로 이어져 세상을 떠납니다. 숨지기 몇 시간 전 아들에게 꽃을 그리고 싶다며 팔레트와 붓을 가져다달라고 청했고, 생의 마지막 순간까지 힘겹게 그림을 그렸다고 합니다.

예술을 향한 열망이 느껴집니다. 사는 게 힘들어도, 육체가 병들고 아파도 캔버스에는 행복만 담고 싶었던 르누아르. 가난한 어린 시절, 젊은 시절 대중에게 받은 비난, 전쟁으로 친구를 잃으며 겪은 우울증, 육체의 고통과 싸워야 했던 노년까지, 너무도 힘들었던 삶이었기에 르누아르는 오히려 그림에까지 슬픔을 담기 싫었던 것은 아닐

Self-Portrait
자화상
오귀스트 르누아르
1899

까요?

우리는 알고 있습니다. 인생이란 행복의 순간보다 슬픔이 더 많다는 것을요. 하지만 그럼에도 소소한 행복이 우리가 무너지지 않도록 지탱해준다는 것 또한 알고 있죠. 삶이 가장 밑바닥에 있을 때, 내가 가장 힘든 시절을 겪고 있을 때, 그 사람을 더 지하로 끌고 내려가는 것은 텅 빈 지갑이 아닌 텅 빈 마음이라고 합니다. 그리고 그 텅 빈 마음을 채우기 위해서는 두 가지가 필요한데 첫 번째는 나의 이야기를 들어주고 위로해줄 사람이고, 두 번째는 누군가 자신의 이야기를 담은 예술을 접하는 것이라 합니다.

르누아르는 천성적으로 외향적이고 낙천적이었습니다. 삶의 양지를 그리고 싶었죠. 인간의 불행을 가장 드라마틱하게 전했던 안톤 체호프의 말처럼 "인간만이 자신의 행복을 창조"할 수 있기에, 르누아르는 하루하루 행복해지기 위해서 최선을 다했습니다. 마지막으로 르누아르의 한마디를 새깁니다.

> 그림이란 즐겁고 유쾌하며 예쁜 것이어야 한다. 가뜩이나 불쾌한 것이 많은 세상에 굳이 그림마저 아름답지 않은 것을 만들어낼 필요가 있을까.

제11화 에드바르 뭉크

무릎이
깨져도
어둠 속을
헤매도

Vincent van Gogh
Edouard Manet
Pierre Bonnard
Edgar De Gas
Paul Cézanne
Henri Rousseau
Suzanne Valadon
William Turner
Wassily Kandinsky
Auguste Renoir
Edvard Munch
André Brasilier

Edvard Munch

–

1863~1944

"나는
죽음을 그렸지만
여기 오는
사람들은
희망을 봤으면
좋겠다."

늘 우울했습니다. 항상 자신의 주변에 죽음이 동행하고 있다고 생각했습니다. 어린 시절부터 정신병을 앓을 수밖에 없었습니다. 그는 즐거워야 할 유년을 이렇게 회상합니다.

> 공포, 슬픔, 죽음의 천사는 내가 태어나던 날부터 내 곁에 서 있었다. 병약함과 정신병, 나는 그 두 가지를 선천적으로 물려받은 것 같다.

참담합니다. 생명이라면 마땅히 받아야 할 최초의 사랑마저 간직하지 못한 가슴 아픈 사람입니다.

그의 아버지는 군의관이었습니다. 아내와 무려 스무 살이나 나이 차가 났습니다. 그런데 그가 다섯 살이 되던 해 어머니가 폐결핵으로 세상을 떠납니다. 그에게는 어머니에 대한 기억이 거의 남아 있지 않았습니다.

아버지는 원래 다정한 사람이었습니다. 하지만 아내가 죽고 나서 정신병을 앓게 됩니다. 아내가 요절한 것이 자신의 신앙심이 부족해서라고, 자녀들이 죄를 지었기 때문이라고 믿습니다. 그리고 날이 갈

Christian Munch with Pipe
파이프를 물고 있는
크리스티앙 뭉크 (아버지)
에드바르 뭉크
1885

수록 종교에 더 심취합니다. 그렇게 그의 유년은 조금씩 더 우울하고 피폐해져갔습니다. 그는 그 시절을 이렇게 떠올립니다.

> 어릴 적 꿈을 꿨을 때 어머니가 등장하면 그거는 행복한 꿈이 아니라 어머니가 피를 흘리면서 등장하는 악몽이었다.

노르웨이의 화가 에드바르 뭉크(Edvard Munch)의 이야기입니다. 뭉크는 5남매 중에 둘째로 태어났습니다. 대가족이었습니다. 하지만 뭉크의 가족은 화목할 수가 없었습니다. 일찍이 어머니가 세상을 떠났고, 게다가 몇 년이 채 지나지 않아 뭉크의 누나마저 똑같이 폐결핵으로 죽고 맙니다. 뭉크 또한 선천적으로 약하게 태어나 잔병치레가 많았고 기관지염을 달고 살아야 했습니다.

아버지는 밖에 나갔다 오면 자신이 죄인이라며 기도실에 들어가 나오질 않았습니다. 그리고 뭉크를 정신적으로 학대합니다. 어머니가 죽은 건 자녀들의 잘못 때문이라고 계속해서 추궁했던 것입니다. 그뿐만이 아닙니다. 저녁식사 시간이 되면 아이들을 앉혀놓고 아내의 유언장을 귀가 닳도록 읽어주었다고 합니다.

어느덧 뭉크도 학교에 가게 됩니다. 하지만 안타깝게도 류머티즘 열병을 앓았고, 우울증에 대인기피증까지 앓아서 학교를 제대로 다니기가 힘들었습니다. 그러다 보니 학창 시절에 친구도 없었습니다. 뭉크는 항상 외롭게 혼자였습니다.

사실 뭉크는 평생 동안 친구 한 사람을 만드는 것조차 힘들었습니다. 그리고 어느 날 문득 깨닫게 됩니다. 혼자서 그림을 그리다가 '아, 내 감정을 표현할 수 있는 게 그림이구나, 내 감정을 그림으로 표출시킬 수 있구나' 하고 깨닫게 되는 것이죠. 그리고 이렇게 선언합니다.

> 지금 내 운명은 화가가 되는 것이다.

+ 지옥의 안개에서 벗어날 수 있다면

화가의 꿈을 키웠지만, 이번에도 아버지가 그의 발목을 잡았습니다. 아버지는 화가들은 문란하고 돈을 벌 수 없다면서 격렬하게 반대했습니다. 다행스럽게도 뭉크 옆에는 이모가 있었습니다. 어머니가 세상을 떠나고 나서 이모가 집에 들어와서 어린 뭉크를 보살폈습니다.

〈흔들의자에 앉은 이모 카렌〉에서는 뭉크가 그에게서 느낀 인자

Aunt Karen in the Rocking Chair
이모 카렌
에드바르 뭉크
1883

Landscape: Maridalen by Oslo
풍경: 오슬로 마리달렌
에드바르 뭉크
1881

함과 편안함이 고스란히 배어납니다. 한낮 밖의 빛보다 이모의 얼굴이 더 환하게 빛납니다. 두 손도 가지런하고요. 이모에 대한 감사의 마음과 그 따뜻함이 오롯이 전해집니다.

이모는 뭉크가 예술에 관심을 놓지 않도록 지원을 계속했습니다. 심지어 뭉크가 그림 그릴 재료가 없을 때는 아버지 몰래 그림 도구를 사다 주었습니다. 결국 뭉크는 이모 덕분에 미술학교에 들어갈 수 있게 됩니다.

당시 학교에 들어갔을 때 뭉크가 그린 작품 〈풍경: 오슬로 마리달렌〉입니다. 말 그대로 노르웨이의 풍경입니다. 여기에는 우리가 익히 알고 있는 〈절규〉 같은 그런 감정은 들어 있지 않습니다. 그냥 보이는 대로 그렸던 것이죠. 그 당시 노르웨이 화단에는 사실주의가 유행하고 있었습니다.

Self-Portrait
자화상
에드바르 뭉크
1881~1882

그림에서 아직 뭉크의 스타일은 전해지지 않습니다. 게다가 학교가 원하는 대로 그려야 장학금을 받을 수 있었습니다. 뭉크는 이 그림을 통해서 장학금도 받고 선생님으로부터 인정을 받게 됩니다.

이 당시 〈자화상〉에서는 에너지가 넘칩니다. 성공에 대한 확신의 눈빛이 강렬합니다. 뭉크의 그림을 이해하려면 자화상을 잘 봐야 합니다. 앞으로 감상하게 될 몇 편의 자화상 속에서 뭉크의 마음을 느낄 수 있습니다. 그는 자신을 가장 솔직하게 표현한 예술가 중 한 사람입니다.

+ 40여 년을 덧그린 그리움, 그리고 파리

〈아픈 아이〉는 뭉크가 열심히 그림 공부를 하고 있을 때 어느 날 밤의 이야기를 담고 있습니다. 뭉크가 사실주의와 이별하고 자신의 깊은 감정 속에서 올라오는 마음, 즉 내면을 처음으로 표출시킨 작품입니다. 뭉크는 자신의 누나가 죽었던 그때와 꿈에서 재회합니다. 이 작품에서 우리가 알고 있는 뭉크의 스타일이 폭발했다고 할 수 있습니다.

왼쪽을 보면 누나가 베개에 기대어 누워 있죠. 오른쪽에 누나의 손을 잡고 있는 사람은 이모 카렌입니다. 누나는 너무나도 아픈 상태임에도 불구하고 얼굴에서는 빛이 납니다. 누나의 손을 꼭 잡고 있는

The Sick Child
아픈 아이
에드바르 뭉크
1885~1886

이모는 슬픔에 잠겨 있습니다. 그림에 중요한 포인트가 있습니다. 이 두 사람의 오른쪽이 검은색으로 뭉개져 있습니다. 물감을 반복해서 덧칠한 부분입니다. 저 검은색은 '죽음'을 뜻합니다. 아픈 누나가 그 죽음을 바라보고 있습니다. 그리고 아프다는 것을 증명하듯이 누나의 앞쪽에는 약병이 놓여 있습니다.

사실 뭉크는 이 그림의 제목을 '아픈 아이'로 짓지 않았습니다. 원래 제목은 '습작'이었습니다. '습작'이란 말은 완성하지 않았다는 뜻입니다. 뭉크는 평생 동안 이 작품을 습작으로 남겨두었습니다. 그리고 계속해서 다른 버전으로 덧그립니다. 그 누나를 잃었던 그 아픈 기억을 잊을 수가 없었던 것입니다. 무려 40여 년간 이 '아픈 아이'를 '습작'이라는 제목으로 계속 그립니다.

노르웨이 화단에서는 이 그림을 인정할 수가 없었습니다. 이것은 작품이 아니다, 저렇게 물감을 칠하는 게 어디 있느냐, 망친 작품을 들고 온 것이다, 비난이 이어졌습니다. 심지어 그림 속 손까지 꼬투리를 잡힙니다. 마치 무슨 뭉개진 생선 같다느니, 너무 못 그린 그림이라느니, 이모와 누나의 포갠 손을 전문가들은 이해할 수가 없었습니다.

비난에도 불구하고 뭉크는 이런 그림의 스타일을 좋아했습니다. 하지만 계속 그릴 수는 없었습니다. 화단에서 인정받을 수가 없었기 때문입니다. 장학금을 받지 못하게 되고, 자신을 지원해준 이모를 실망시킬 수밖에 없기 때문입니다. 뭉크는 잠시 마그마처럼 터져나왔던 감정을 스스로 누릅니다. 그리고 사실주의로 돌아갑니다.

+ 회귀의 봄

〈봄〉은 그 회귀를 증명합니다. 주제는 〈아픈 아이〉와 비슷합니다. 병상의 누나가 베개에 기대어 누워 있고 옆에는 이모가 있습니다. 약병도 여전합니다. 그런데 오른쪽을 보면 태양빛이 들어와 밝게 빛납니다. 그리고 생명을 상징하는 예쁜 꽃이 피어 있습니다. 다만 누나는 이 생명의 빛으로부터 고개를 돌려 외면합니다. 이 작품부터 뭉크는 평단의 인정을 다시 받게 됩니다. 그리고 학교의 지원으로 파리 유학길에 오릅니다.

당시 파리에는 우리가 알고 있는 위대한 예술가들이 모여들었습니다. 인상파와 신인상파가 위세를 떨치고 있었고요. 뭉크도 그 거대한 파고에서 벗어날 수는 없었습니다.

당시의 대표작 〈칼 요한 거리의 봄날〉을 감상해보겠습니다. 대부

Spring
봄
에드바르 뭉크
1889

Spring Day on Karl Johan Street
칼 요한 거리의 봄날
에드바르 뭉크
1890

분의 사람들이 이 작품을 뭉크의 작품이라고 생각하지 못합니다. 너무나 밝고 아름답기 때문입니다. 게다가 물감이 점점이 찍혀 있습니다. 신인상주의의 표현법입니다. 그림 오른편에 건물이 있고 길이 뻗어 있습니다. 줄을 선 사람들 사이로 빨간색 우산을 쓴 여인이 한가운데 서 있습니다. 노르웨이 수도 오슬로에서도 유명한 거리입니다.

하지만 이 시기도 짧을 수밖에 없었습니다. 이러한 기법은 뭉크와 맞지 않았습니다. 뭉크는 이때 깨닫습니다. 사실주의나 인상주의 같은 화풍으로는 자신의 감정을 표현할 수 없다는 것을 말입니다.

+ 나 홀로 이렇게 창밖을 그리워하다

이때 또 한 번의 슬픔이 그를 덮칩니다. 아버지가 세상을 떠난 것입니다. 사랑할 수 없었던 아버지였지만, 유학을 와서 계속해서 주거지를 옮기느라 아버지의 부고를 뒤늦게야 알게 된 것이죠. 장례식에도 참석하지 못했습니다. 뭉크는 파리에서 혼자 외롭게 아버지를 생각하고 있었습니다.

방에서 혼자 창밖을 내다보고 있는 그림입니다. 〈생클루의 밤〉이라는 담담한 제목이 외로움을 더하는 것 같습니다. 창밖에는 강이 흐

Night in St. Cloud
생클루의 밤
에드바르 뭉크
1890

르고 그 위에 배가 지납니다. 잔잔하게 달빛이 비추고, 뭉크가 쓸쓸하게 내다보고 있습니다. 창틀은 마치 감옥처럼 이 방의 안과 밖을 격리하고 있는 듯합니다. 뭉크는 아버지를 좋아하지는 않았습니다. 아버지가 원망스러웠지만, 뭉크는 이제 부모님을 모두 잃었습니다. 그리고 아버지의 장례식에 참석하지 못했다는 죄책감에 빠진 것입니다.

아버지의 죽음 이후, 뭉크는 한 사람을 만나게 됩니다. 훗날 뭉크의 정신적 아버지라 불리운 사람입니다. 바로 〈한스 예게르의 초상〉의 주인공입니다. 자세부터 약간 삐딱해 보입니다. 소파에 깊숙이 기대고 한쪽 팔을 쭉 늘어뜨리고 있습니다. 성격도 깐깐한 것 같습니다. 단추를 목 위까지 모두 잠갔습니다. 한스 예게르는 뭉크가 정신적으로 존경했던 사람이지만, 그는 뭉크의 정신을 조금 더 혼란스럽게 만들었습니다. 그는 과격한 비판론자, 무신론자, 자유연애주의자였습

Portrait of Hans Jaeger
한스 예게르의 초상
에드바르 뭉크
1889

Evening on Karl Johan Street
칼 요한 거리의 저녁
에드바르 뭉크
1892

니다. 그는 뭉크의 머릿속을 조금씩 물들입니다.

> 너의 감정을 폭발시켜야 한다. 그리고 네가 느끼는 감정들을 글로 옮겨야 된다. 오직 죽음만이 사랑을 해방시킨다. 너의 감정을, 너의 그 죽음에 대한 감정을 그림으로 표출시켜라.

이때부터 뭉크의 정신은 일종의 해방을 맞이합니다. 〈칼 요한 거리의 저녁〉은 감정을 오롯이 쏟아부은 작품입니다. 이제야 〈절규〉와 같은 뭉크 고유의 스타일이 보이는 듯합니다.

사람들이 화면을 향해 걸어오고 또 어디론가 걸어가고 있습니다. 표정은 다 똑같습니다. 무표정하고 서로에게 관심조차 없습니다. 좀비처럼 보이기도 합니다. 왼쪽 상가는 불빛이 노랗습니다. 뭉크는 들어갈 수 없는 곳입니다. 그리고 오른쪽 뒤의 건물은 국회의사당입니다. 그런데 독특한 점이 하나 있습니다. 썩은 나무 한 그루가 우뚝 서 있습니다. 오슬로에는 분명 없는 나무입니다. 뭉크가 상상을 해서 그려 넣은 것이죠. 죽어 썩은 나무를…….

신기하게도 저 나무로 인해서 그림의 균형이 맞춰집니다. 이 그림엔 뭉크도 등장합니다. 예상대로 검은 그림자처럼 혼자 걷고 있는 사람입니다. 외로움, 사람들 속에 섞일 수 없는 그 외로움을 표현한 작품입니다.

> 경직된 얼굴과 불안정한 마음은 오늘도 거리를 배회한다. 군중과 떨어진 채 나 홀로 이렇게 창밖을 그리워한다.

+ 첫사랑은 한여름 밤의 꿈처럼 지나갔다

뭉크에게도 사랑은 찾아옵니다. 이 화가의 첫사랑은 바로 밀리라는 여성입니다. 얼굴도 예쁘고 옷도 잘 입고 요즘 말로 하면 셀럽 같은 사람입니다. 하지만 그녀에겐 남편이 있었습니다. 이루어질 수 없는 사랑이 시작된 것이죠. 뭉크는 사랑에 관한 온갖 처음을 밀리를 통해 경험하게 됩니다. 첫 키

The Kiss
키스
에드바르 뭉크
1892

스, 첫 경험……. 그 강렬한 사랑은 그림 〈키스〉로 남습니다.

두 사람의 입맞춤은 격렬합니다. 얼굴과 얼굴 사이엔 그 무엇도 끼어들 틈을 허락하지 않습니다. 커튼 뒤에서 남몰래 키스를 하고 있는데, 창밖에는 사람들이 무심하게 지나갑니다. 창밖 건물 안은 선명

Two People: The Lonely Ones
두 사람: 외로운 이들
에드바르 뭉크
1896

하게 빛나고 있습니다.

이 간절한 첫사랑은 뭉크에겐 비극이었습니다. 뭉크는 진심이었지만 사실 밀리는 진심이 아니었기 때문입니다. 밀리는 뭉크에게서 슬슬 벗어나려 합니다. 뭉크도 그것을 알라차립니다. 사랑이 차가워지고 있다는 것을. 그때의 비애도 작품에 담깁니다. 〈두 사람: 외로운 이들〉입니다.

두 사람은 바다를 보고 있습니다. 시선을 좀 더 자세히 관찰해보겠습니다. 여자는 바다를 보고 있고, 여자보다 뒤에 있는 남자는 여자의 뒷모습을 보고 있습니다. 곧 멀어질 것만 같은 운명이 느껴집니다.

Vampire
흡혈귀
에드바르 뭉크
1895

결국 밀리는 뭉크를 떠납니다. 게다가 밀리는 이혼을 하고 다른 남자와 재혼을 합니다. 뭉크는 엄청난 상처를 받습니다.

그때부터 뭉크의 머릿속에는 여성은 남성을 잡아먹는 존재라는 관념이 뿌리를 박습니다. 실제로 그 감정은 〈흡혈귀〉라는 작품으로 폭발합니다. 남자가 바닥에 엎드려 있습니다. 얼굴색은 마치 시체처럼 창백하다 못해 푸릅니다. 그리고 여성이 남성의 목덜미에 키스를 하는데, 흡혈귀가 피를 빨아먹는 모습과 유사합니다. 여성의 저 붉은 머리카락은 마치 피가 쏟아지는 것 같습니다. 사실 뭉크는 이 작품의 제목을 '흡혈귀'라고 부른 적이 없다고 합니다. 그저 '남자의 목에 키스하는 여자'로 불렀지요. 그런데 그렇게 보는 사람이 있을까요? 아무래도 그림은 '공포'를 닮았습니다.

또 하나 재미있는 작품이 있습니다. 역시 사랑의 아픔, 이별을 담

Separation
이별
에드바르 뭉크
1896

고 있습니다. 이번에는 그 슬픔이 분노와 공포라기보다는 애잔함으로 표현됩니다. 〈이별〉 속 뭉크는 자신의 심장을 부여잡고 있습니다. 얼굴은 파랗게 질려 있지만, 심장에서는 피가 뚝뚝 떨어집니다. 그 피가 바닥에 떨어지는데 흐르지도 못합니다. 조각상처럼 피가 단단하게 굳어 올라옵니다. 영원히 지워지지 않을 아픔인 것처럼 말입니다. 하지만 오른쪽의 여성, 밀리는 여전히 아름답습니다. 순백의 드레스를 입고 유유합니다. 그녀는 구름처럼 천사처럼 곧 사라질 것입니다.

+ 〈절규〉는 어떻게 탄생했을까?

뭉크는 밀리와 헤어지고 나서 극심한 고통에 시달립니다. 식지 않는 화에 분노했고 다시 혼자가 되면서 우울감은 헤어나올 수 없을 만큼 깊어졌습니다. 그리고 또 죽음에 관한 생각이 그를 엄습합니다.

그러던 어느 날 친구들과 길을 걷고 있는데 붉은 노을이 오슬로의 하늘을 물들입니다. 뭉크는 그때의 하늘이 마치 피의 바다 같았다고, 핏물이 흐르는 것 같았다고, 그 순간 자연의 비명을 들었다고 회상합니다. 마치 자연이 자신을 잡아먹을 것처럼. 뭉크는 난간을 붙잡고 간신히 버티고 서 있었습니다. 격한 감정과 빈혈 때문에 쓰러질 것 같았습니다.

뭉크는 집에 도착하자마자 붓을 잡습니다. 그 휘몰아치는 격정을 캔버스에 옮깁니다. 그 유명한 〈절규〉가 탄생하는 순간입니다. 하늘엔 핏빛으로 노을이 흐르고, 붉은 기운이 굽이굽이 요동칩니다. 뭉크의 얼굴엔 머리도 없고, 눈썹도 없습니다. 최근 미술사학자들은 그러한 모습이 뭉크가 파리 유학 시절에 보았던 미라의 모습에서 비롯됐다고 말하고 있습니다. 더 흥미로운 점이 있습니다. 저 뒤에 떠 있는

The Scream

절규

에드바르 뭉크

1896

배는 아주 유유합니다. 뒤를 따르는 두 사람도 똑바로 서 있습니다. 일그러지고 요동치는 것은 뭉크의 내면입니다. 그에 반해 지극히 편안하고 바른 저 배와 다리와 사람들은 외부 세계입니다.

〈절규〉와 비슷한 배경의 그림이 있습니다. 〈불안〉이라는 작품입니다. 하늘과 사람들의 얼굴이 〈절규〉 속 모습과 꼭 닮았습니다. 사람들은 어디론가 가고 있습니다. 하지만 그 어떤 감정도 느껴지지 않습니다. 어떤 이야기도 들리지 않습니다. 뭉크는 묻고 있는 것 같습니다. 우리에게 죽음이란 무엇인가, 우리는 죽음 말고 어디로 향해 갈

Anxiety
불안
에드바르 뭉크
1894

수 있는가를 말입니다. 뭉크가 〈절규〉를 완성하고 나서 쓴 글이 떠오릅니다.

> 나는 친구들과 산책을 나갔다. 갑자기 해가 지기 시작했고 하늘이 핏빛으로 물들었다. 나는 죽을 것 같은 피로감에 멈추어 서서 난간에 기대었다. 검푸른 협만에 마치 화염 같은 핏빛 구름이 걸려 있었다. 친구들과 계속 걸어갔고 나는 혼자서 불안에 떨며 자연을 관통하는 거대하고 끝없는 절규를 느꼈다.

+ 비극으로 끝난 마지막 사랑

뭉크의 마지막 사랑은 툴라였습니다. 툴라는 교양이 풍부하고 똑똑한 여성이었습니다. 역시 먼저 사랑에 빠진 쪽은 뭉크였습니다. 뭉크는 또 한 번의 〈키스〉를 작품으로 남깁니다. 마치 이 세상에 둘만 있는 것 같습니다.

그런데 시간이 흐를수록 뭉크는 툴라와의 관계에서 지치게 됩니다. 뭉크가 먼저 좋아했지만, 툴라가 뭉크를 깊이 사랑하게 되고 집착하게 되면서 이번에는 뭉크의 마음이 식어갑니다. 결국 뭉크는 툴라의 집착 때문에 그림조차 방해받는다고 여기기에 이릅니다. 헤어져야겠다고 결심을 하죠. 이후에 그린 작품을 보면 뭉크의 냉랭한 마음을 바로 알 수 있습니다.

〈녹색 배경에 대한 자화상과 툴라 라르센의 캐리커처 초상〉 속

The Kiss
키스
에드바르 뭉크
1897

뭉크는 무표정합니다. 얼굴에서 기쁨이라고는 전혀 찾아볼 수 없습니다. 그리고 뭉크와 툴라는 분리되어 있습니다. 게다가 둘 사이에는 다른 사람마저 있습니다. 두 얼굴이 포개어졌던 〈키스〉와는 너무나도 대조적입니다. 툴라의 모습도 시체 같습니다. 표정에서 사랑을 읽을 수 없습니다.

툴라의 집착이 점점 더 심해지고 뭉크의 마음은 점점 더 멀어지면서, 뭉크 인생에서 가장 유명한 스캔들이 터집니다. 결혼 직전 뭉크가 툴라에게 이별을 고한 것이지요. 당연히 툴라는 받아들이지 못합

Self-Portrait Against a Green Background and Caricature Portrait of Tulla Larsen
녹색 배경에 대한 자화상과 툴라 라르센의 캐리커처 초상
에드바르 뭉크
1905

니다. 자신과 헤어지면 목숨을 끊겠다며 자살 소동을 벌입니다. 당시 뭉크의 취미는 특이하게도 사격이었는데요. 툴라의 손에 뭉크의 권총이 들리게 된 것입니다. 뭉크는 말렸고, 뿌리치던 툴라는 방아쇠를 당기게 됩니다. 오발 사고로 인해 뭉크는 가운뎃손가락을 다칩니다. 그때의 엑스레이 사진이 아직 남아 전합니다. 뭉크는 병원에 실려 가고 툴라는 뭉크를 영영 떠납니다.

첫사랑도 마지막 사랑도 처참하게 끝나버리고 맙니다. 이때 뭉크의 정신적 고통은 극에 달합니다. 연인과 헤어지고 붓을 들어야 하는 손가락에 총까지 맞았으니까요. 얼마나 처참했는지, 그때를 담은 자화상의 제목은 '지옥에서의 자화상'입니다.

저는 그동안 수많은 자화상을 봤습니다. 수많은 화가의 인생 이야기도 들었습니다. 하지만 지옥에 있는 자신을 그리는 예술가는 처음이었습니다. 〈지옥에서의 자화상〉을 처음 보게 되었을 때 충격 그 자체였습니다. 얼굴은 마치 화상을 입어서 피부가 다 벗겨진 것 같습니다. 그런데 이 사람은 고통조차 느끼지 못합니다. 지옥에 떨어진 것이 아니라, 마치 원래 지옥에서 태어난 사람처럼. 뒤에는 불길이 사납

Self-Portraut in Hell
지옥에서의 자화상
에드바르 뭉크
1903

Self-Portrait with Burning Cigarette
담배를 든 자화상
에드바르 뭉크
1895

게 치솟고 검은 그림자는 강렬합니다.

뭉크는 알 수 없는 표정으로 관람객을 바라보고 있습니다. 불과 7~8년 전의 자화상과 비교하면 너무나도 낯섭니다. 〈담배를 든 자화상〉과는 너무 많이 다른 모습입니다.

뭉크에게 그림이 없었다면 어디에 이 불행을 쏟아놓을 수 있었을까요? 불안하고 두렵고 막막한 삶. 당시 뭉크는 이렇게 심경을 토로했습니다.

나는 정신이 이상해지기 시작했다. 정말이지 일촉즉발의 상황이다.

+ 고통에서 벗어나기 위해 나는 싸우고 있다

그나마 다행이라면 뭉크는 본인의 정신이 이상해지고 더 이상 버틸 수 없는 수준에 이르렀다는 것을 인식합니다. 그는 스스로 정신병원에 들어가 치료를 받습니다. 이때 뭉크는 자신과 비슷한 처지의 화가가 있었다는 것을 알게 됩니다. 바로 빈센트 반 고흐입니다.

뭉크와 반 고흐가 실제로 만난 적은 없습니다. 뭉크는 자신의 인생을 구하고자 절실한 심정으로 자신과 비슷한 처지의 예술가를 찾았던 것입니다. 고흐는 자살했다고 알려져 있습니다. 그 전에는 정신병원에 들어가 있었죠. 그때 병실에서 그린 작품이 바로 훗날 반 고흐의 대표작으로 남은 〈별이 빛나는 밤〉입니다.

뭉크는 이 작품을 보고 큰 감명을 받습니다. 늘 자신의 처지를 비관하고 죽음을 그리고 있었는데, 자신만큼이나 힘들었고 오히려 상업적으로도 성공하지 못한 반 고흐라는 화가는 희망을 그렸다는 사실에서 한 줄기 빛을 발견합니다.

> 고흐는 짧은 일생 동안 자신의 화염을 꺼트리지 않았다. 나는 고흐처럼 생각하고 열망한다. 내 불꽃들이 소멸하지 않고 불타는 붓으로 그림을 그리기를.

뭉크는 이때부터 더 열심히 우울과 싸우기 시작합니다. 그때의

Starry night
별이 빛나는 밤
에드바르 뭉크
1922~1924

그림이 바로 반 고흐의 작품과 제목도 똑같은 〈별이 빛나는 밤〉입니다. 작품의 아래쪽을 자세히 보면 뭉크의 얼굴 그림자가 드리워져 있습니다. 저 위 멀리에는 풍경을 그렸는데 마치 반 고흐의 그림처럼 별이 빛납니다. 그 아래에는 평화로운 마을이 있고요.

안타까운 그림입니다. 자신은 싸우기로 결심했는데, 마음처럼 회복되지는 않습니다. 지금 당장 저 밝은 곳으로 갈 수 없는 것이죠. 하지만 그림 속에서처럼 뭉크는 계속 그곳을 바라보며 한 발짝이라도 빛으로 나아가기 위해 투쟁할 것입니다.

+ 어두운 과거를 따스함으로 서서히 녹이다

이 시기 노르웨이 오슬로 대학교에서 의뢰가 들어옵니다. 학교를 짓는데 벽화를 그려달라는 요청이었습니다. 뭉크는 이 작업을 하기로 마음을 굳힙니다. 과연 뭉크는 커다란 벽에 어떤 그림을 채워 넣었을까요? 뭉크는 사람들에게 절망보다는 희망을 전하고 싶었습니다. 고독이 일상이 된 노르웨이인들에게 위로를 건네야겠다고 생각한 것입니다.

그 마음은 고스란히 전달되었습니다. 오늘날 노르웨이 사람들은

벽화 작업을 하고 있는 뭉크

The Sun
태양
에드바르 뭉크
1910~1911

이 작품을 뭉크의 대표작으로 꼽습니다. 〈태양〉입니다. 정말 밝게 빛납니다. 어떻게 20대 후반의 나이에 〈절규〉를 그린 사람이 이렇게 찬란한 〈태양〉을 그릴 수 있었을까요? 죽음과 불안을 이겨내기 위해 그는 얼마나 분투했던 걸까요? 자신이 받은 고통을 얼마나 간절하게 전하고 싶었던 걸까요? 전 국토의 90퍼센트가 야생의 상태로 남아 있는

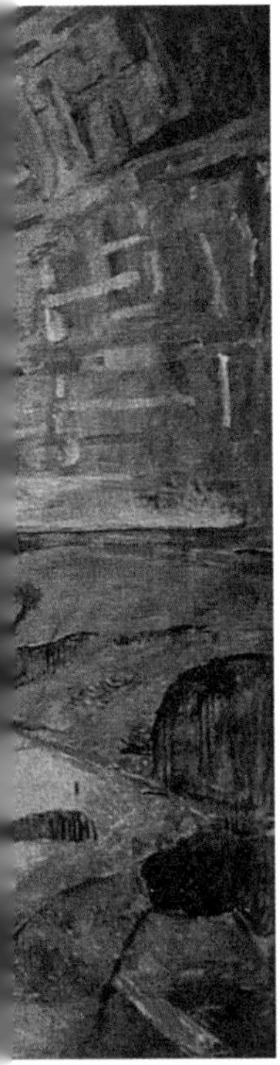

노르웨이, 그 척박한 곳의 사람들에게 뭉크는 생명과 자연, 즉 우리의 삶에 대한 예찬을 전했던 것입니다.

뭉크가 노르웨이의 국민 화가가 되는 데는 이 그림의 역할이 컸습니다. 노르웨이의 지폐엔 뭉크의 초상과 함께 이 밝은 태양이 여전히 찬란하게 빛나고 있습니다.

+ 희망이 한 줄기 남지 않아도 별은 빛난다

오슬로에서 서쪽으로 7~8킬로미터 떨어진 한적한 마을 에켈리(Ekely)의 작은 집에서 뭉크는 생의 후반을 홀로 보냅니다. 무려 30년이라는 긴 세월입니다. 그곳에서 뭉크는 사람들을 거의 만나지 않았습니다. 오직 자신과 그림에 몰두했습니다. 야외에 아틀리에도 만들었습니다.

에켈리에서의 그림은 이렇습니다. 무엇이 달라진 걸까요? 〈건초 만드는 사람〉을 보면 그 어디에서도 젊은 날의 불안과 우울이 발견되지 않습니다. 핏빛 요동이 사라졌습니다. 귀를 막아도 천둥처럼 들려왔던 자연의 비명소리로부터 도망치기 위해서 열심히 일하는 모습처럼 보이기도 합니다.

〈시계와 침대 사이의 자화상〉은 거의 마지막 작품

The Haymaker
건초 만드는 사람
에드바르 뭉크
1917

입니다. 유명한 그림이죠. 아마도 에켈리에는 모델이 없었을 것 같습니다. 사람들을 만나지 않고 혼자 살았으니까요. 대신 변해가는 자신의 모습을 세심하게 그렸을 것입니다. 〈시계와 침대 사이의 자화상〉 속 뭉크는 의연하고 결연합니다. 죽음의 기운에 무너지지 않겠다, 죽음이 찾아와도 두려워하지 않겠다, 다짐하는 것 같습니다.

이 그림에는 특별한 포인트가 있습니다. 침대와 뭉크의 다리 사이에 파란색 물감이 흘러내렸는데요. 이 그림을 완성하기 전에 죽게 될까 서둘러 그렸다고 합니다. 물감이 마르기도 전에 어서 완성하고자 했던 흔적입니다.

Self Portrait: Between Clock and Bed
시계와 침대 사이의 자화상
에드바르 뭉크
1940~1943

뭉크의 유언장은 간단했습니다.

내 작품들, 내가 여기서 30년간 그린 모든 작품들을 나라에 기증하겠다.

실제로 뭉크는 그 약속을 지킵니다. 흔치 않은 경우입니다. 뭉크 사후 거의 대부분의 작품은 노르웨이 당국에 기증됩니다. 유화만 1,200여 점, 판화는 1만 5,000여 점에 달했습니다. 그가 세상을 떠나고 얼마 뒤에 뭉크미술관이 건립됩니다. 노르웨이에 가면 뭉크의 거의 모든 작품을 감상할 수 있습니다.

나는 예술로 삶과 그것의 의미를 설명하고자 노력한다. 그래서 내 그림들이 다른 이들에게 자신의 삶을 좀 더 명확하게 하는 데 도움이 되기를 바란다.

뭉크는 자신의 외로웠던 인생을 솔직히 그림으로 표현한 화가입니다. 그의 그림은 우리들 인생의 한 부분 한 부분을 무척이나 닮아 있습니다. 그래서 나의 이야기를 들어주는 이 없어 외로울 때, 내일이 안개처럼 흐리기만 할 때, 떨치기 힘든 불안이 찾아올 때 많은 사람들이 그의 그림을 보며 위로를 받는 것 같습니다. 그리고 외로운 친구가 우리를 찾으면, 뭉크가 가슴에 품었던 〈빈센트〉의 노래를 빌려 따뜻하게 인사를 전해야겠습니다.

당신처럼 아름다운 사람이 살아가기엔 세상이 너무 험하다고.

그 어떠한 희망이 남아 있지 않아도 밤하늘의 별은 빛난다고.

제12화 앙드레 브라질리에

Vincent van Gogh
Edouard Manet
Pierre Bonnard
Edgar De Gas
Paul Cézanne
Henri Rousseau
Suzanne Valadon
William Turner
Wassily Kandinsky
Auguste Renoir
Edvard Munch
André Brasilier

André Brasilier

–

1929~

"우리는

예술과

우리와 가까운

사람들을

사랑해야 한다."

이제 마지막 여정입니다. 번외편이라고 할 수도 있겠습니다. 지금까지 소개한 예술가들과는 그 결이 조금 다른 화가의 이야기를 해보려고 합니다. 도슨트로 활동하면서 이런 즐거운 상상을 해본 적이 있습니다. '아직 열리지 않은 새로운 전시의 그림과 그 해설을 단정한 책으로 미리 공개하면 어떨까.'

그 주인공은 전시가 끝나더라도 계속해서 여러 사람의 입에서 회자될 화가이기를 바랐습니다. 도슨트로서뿐 아니라 미술 애호가로서 더 널리 알리고 싶은 예술가이기를 바랐습니다. 그런데 이처럼 좋은 기회에 그 바람이 이루어지는 것 같아 설렙니다. 평소 흠모하던 화가입니다.

코로나 바이러스의 직격탄을 맞은 세상은 사람과 사람 사이를 더욱 멀어지게 만들었습니다. 기쁨을 함께하고 슬픔을 나누는 일상이 얼마나 소중한 것인지 새삼 실감합니다. 그리고 자신의 감정과 감성을 스스로 지켜야 할 필요를 더욱 절감하게 되었습니다.

예술의 본질은 결국 '사람의 이야기', 즉 '생의 진실'이라고 생각합니다. 예술은 우리의 감성과 감각을 일깨워주는 것이라 생각합니다. 사는 것이 힘들수록 세상이 답답할수록 예술이 더 필요한 이유입니다.

게다가 너무나 다행하게도, 자신의 평생을 바쳐 예술을 통해 삶의 아름다움과 인간에 대한 사랑을 전하려는 예술가들이 우리 곁에 존재해왔습니다. 그들 중에 마티스, 르누아르, 샤갈의 신념을 이어받아 그 마음을 더 가까이 우리에게 전하는 화가가 있습니다. 그는 이렇게 말합니다.

사람들이 삶과 아름다움을 이해하도록 돕는 것, 이것이 예술 아닌가요?

바로 〈삶의 기쁨〉을 그린 20세기 마지막 낭만의 화가 앙드레 브라질리에(André Brasilier)입니다. 생존 화가이기에 다른 화가들보다 작품 사용에 어려움이 있었습니다. 그래도 그의 생애와 이야기에 맞게 최선을 다해 작품들을 엄선했습니다. 독자 여러분께서 넓은 아량으로 이해해주시리라 믿으며, 이제 곧 한국에서 더 많은 사랑을 받게 될 화가의 이야기를 시작해보겠습니다.

La joie de vivre
삶의 기쁨
앙드레 브라질리에
1984

+ 그림을 사랑할 수밖에 없었던 소년

앙드레 브라질리에는 와인으로도 유명한 프랑스 서부의 소뮈르에서 1929년에서 태어났습니다. 그는 예술가의 아들이었습니다. 이미 세상에 나오는 순간부터 화가의 삶이 정해져 있던 것만 같습니다. 그의 아버지 자크 브라질리에(Jacques Brasilier)는 상징주의 화가였고, 유명한 체코 출신의 화가로 포스터의 거장이라 불리던 알폰스 무하(Alphonse Maria Mucha)의 제자였습니다.

상징주의는 이렇게 표현할 수 있을 것 같습니다. 세상을 살다보면 말로 표현할 수 없는 것들이 존재합니다. 만약 여러분에게 '사랑하는 마음을 그려라' 혹은 '분노하는 마음을 그려라'라고 한다면 어떻게 그리겠습니까? 상징주의자들은 그 답을 찾는 사람들입니다. 즉 정확하게 나타낼 수 없는 표현을 특정한 상징을 이용해서 캔버스에 그려내는 것이죠. 화가 파울 클레의 말이 생각납니다.

예술은 보이는 것을 나타내는 게 아니라 안 보이는 것을 보이게 만드는 것이다.

브라질리에는 어린 시절 무하가 아버지에게 보낸 편지를 아직도 기억한다고 합니다. 알폰스 무하의 우아함과 화려함, 장식적 아름다움의 영향은 이어졌습니다. 그의 어머니 앨리스 쇼몽(Alice Chaumont)도 런던의 왕립 예술 대학을 졸업한 작가입니다. 그녀가 남긴 작품은 많진 않지만 초상화에 재능이 있는 예술가였습니다. 이런 배경 속에서 브라질리에는 그리는 행위 자체를 사랑하는 소년으로 성장하게 됩니다.

학창 시절 라울 뒤피, 피카소, 고갱을 열심히 공부했습니다. 그중에서도 고갱의 작품은 그에게 충격 그 자체였습니다. 그가 많은 영향을 받은 것은 오르세 미술관에 걸려 있는 고갱의 작품입니다.

자신만의 예술을 찾기 위해 원시의 섬 타히티로 떠난 고갱은 원근법을 무시한 색면으로 원시 세계를 새롭게 창조해냈습니다. 살아서는 철저히 외면당했지만, 그의 작품은 예술의 미래를 예견한 작품이라 할 만합니다. 매우 단순한 형태, 강렬한 색상, 그 미래가 그를 사로잡았습니다.

지금까지도 고갱은 앙드레 브라질리에에게 최고의 화가입니다. 〈하얀 말〉은 브라질리에가 그려나갈 여러 작품에 짙은 영향을 드리웁니다. 그가 눈에 보이는 색채에서 벗어나 캔버스 위를 자유롭게 칠할 수 있었던 것도 고갱 같은 거장들의 영향입니다. 특히 그는 색과 관련된 많은 예술가들을 좋아했습니다. 브라질리에는 그들의 계보를

The White Horse

하얀 말

폴 고갱

1898

이어받은 마지막 '색채의 마술사'라고 소개하고 싶습니다.

+ 전쟁의 참혹함 속 아버지를 그리다

20세기를 살았던 많은 이들에게 그렇듯 그에게도 세상의 공포가 기다리고 있었습니다. 그가 삶의 아픔 앞에 마주한 것은 생각보다 이른 시기였습니다. 그의 첫 작품과도 관련이 있습니다. 그 작품에는 '1940년 12월'이라 적혀 있습니다. 아쉽게도 이 작품을 책에 담을 수는 없었습니다.

이 시기는 혼란의 시기였습니다. 그의 가족은 1940년 당시 됭케르크에 있었고요. 이 이름을 듣는 순간 역사적 사건이 떠오릅니다. 됭케르크 철수 작전. 제2차 세계대전 초기인 1940년 5월 독일군에 의해 고립된 영국군과 프랑스군을 구출하는 작전이 있었습니다. 브라질리에 가족은 이 사건의 생존자였습니다.

도시는 폭격을 받았고, 가족은 살기 위해 걷고 또 걸었습니다. 건물은 불길에 휩싸이고 다리는 무너졌습니다. 거리에 버려진 총과 빼앗긴 생명은 어린 소년에겐 너무나도 충격적인 모습이었습니다. 그는 이 사건을 "대이동이자 대장정이었다"라고 기억합니다. 그렇게 살아남은 아이는 그 폐허에서 아버지의 초상을 그렸습니다. 그것이 자신의 첫 작품이었습니다.

세상의 아픔을 너무 어린 나이에 알아버린 아이는 이제부터는 캔버스에 '밝음'만을 담겠다고 다짐이라도 한 것 같습니다. 너무 큰 상처라서 절대 다시 꺼내보지 않으리라 눈감은 사람처럼 말입니다. 잘 웃는 얼굴 뒤에 더 큰 아픔이 감추어져 있는 법이니까요. 그 결심은 그가 예술에 전념하겠다고 마음먹은 후 한 번도 흔들리지 않았습니다. 그의 캔버스엔 세상의 아름다움이 가득합니다.

+ 아름다운 색으로 사람들의 마음을 위로할 수 있다면

초기 그의 작품에는 수채화가 많습니다. 유화는 드물었죠. 의외로 이유는 간단했습니다. 전쟁 이후 유화 물감을 살 돈이 부족했기 때문입니다. 그래도 브라질리에는 당시 흰 종이 위에 수채 물감으로 푸르게 칠할 수 있다는 것만으로도 큰 행복을 느꼈다고 합니다. 천천히 퍼지는 색을 보며 그 매력에 빠졌습니다.

스무 살에는 파리의 명문 미술학교 에콜 데 보자르(École des Beaux-Arts)에 등록합니다. 미술 전시를 좋아하는 독자라면 한 번쯤 들어봤을 베르나르 뷔페(Bernard Buffet)가 다녔던 학교이기도 합니다. 브라질리에가 1년 후배였습니다. 두 사람의 예술은 다른 듯 닮아 있습니다. 두 예술가 모두 전쟁의 상흔을 간직하고 있고, 그림을 그리는 것은 그들에게 산다는 것을 의미했습니다. 다만 뷔페는 직선을 사용했다면 브라질리에는 우아한 곡선으로 세상을 표현했습니다. 두 사람 모두 아픔과 상처를 잊게 해주는 '사랑'이라는 존재를 평생 그렸습니다.

Portrait d'Annabel
이브닝 드레스를 입은 아나벨
베르나르 뷔페
1960

Chantal
en noir et blanc
검은 옷을 입은
샹탈
앙드레 브라질리에
1964

브라질리에의 재능은 빠르게 인정받았습니다. 장학금을 받고 스물셋의 나이에 이탈리아로 유학을 보내주는 '로마 대상'을 수상했습니다. 이탈리아 거장들, 유럽을 돌며 수많은 작품을 보며 브라질리에는 자신의 예술 세계를 키워나갔습니다.

야수파는 브라질리에가 그의 예술을 완성하는 데 결정적인 영향을 미칩니다. 야수파는 눈에 보이는 색이 아닌 마음으로 보는 색을 칠했고, 그 색으로 사람들을 감동시킬 수 있다고 믿었습니다. 브라질리에의 독특한 색은 여기에서 기원합니다. 앙드레 드랭(Andre Derain), 모리스 드 블라맹크(Maurice de Vlaminck) 등의 야수파 화가들과 교류하며 자신만의 스타일을 만들어갔습니다. 저는 이렇게 표현하고 싶은데요. 알폰스 무하의 우아한 아름다움, 고갱으로 출발한 야수파의 자유로운 색채, 샤갈의 사랑 그리고 브라질리에만의 감수성을 한 스푼 더하면 완성되는 스타일이 아닐까요.

+ 마음과 꿈의 색을 칠하다

그의 작품에는 초기부터 유독 말이 많이 등장합니다. 저는 항상 이야기합니다. 그림을 이해하는 것은 한 사람을 이해하는 과정이다. 그들이 살아온 배경과 일화를 알아가는 것은 작품을 이해하는 가장 기본적인 수단이라고 말입니다.

브라질리에의 고향은 시골이었습니다. 언제나 자연이 가까이 있

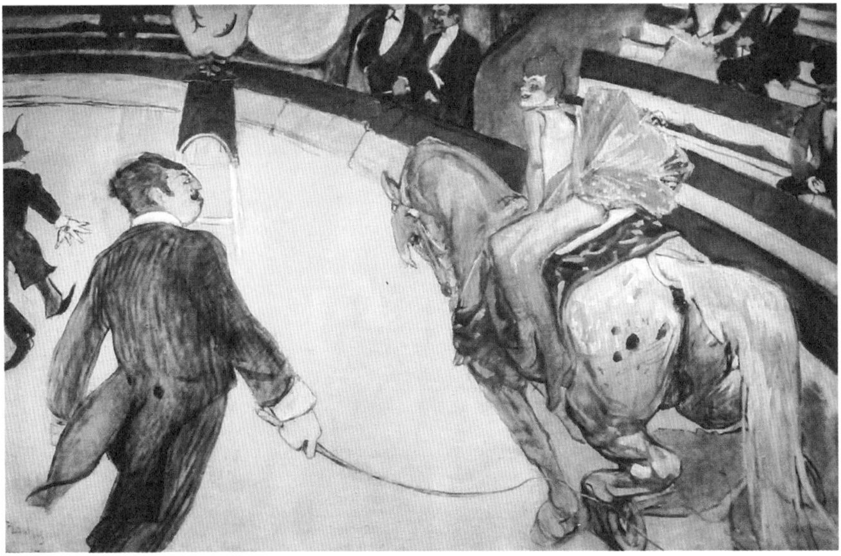

Kunstreiterin im Cirque Fernando
페르난도 서커스
툴루즈 로트레크
1887~1888

었고 일상적으로 말을 보며 자란 소년에게 말은 가장 자연스러운 주제였습니다. 어린 시절 나무나 우유를 배달하는 말, 썰매를 끄는 말의 모습은 자연스러운 장면이었습니다. 그리고 서커스에 등장하는 말의 움직임에 마음을 빼앗겼는데요. 그는 말의 생명력과 힘, 역동성의 아름다움에 사로잡혔다고 말합니다. 거기에 그의 고향 소뮈르에는 국가기병학교, 기마학교가 있어서 기수들과 말의 훈련 장면을 볼 수 있었습니다. 그의 작품에 말이 등장하는 것은 필연적이라고 할 수 있지 않을까요. 그가 처음 선보인 말 작품 〈대서커스-로마〉는 물랭 루주의 화가 툴루즈 로트레크의 작품 〈페르난도 서커스〉에 영향을 받았습니다. 말의 역동적인 움직임을 포착하고 싶었던 그에게 로트레크의 그림은 그 해답이었습니다. 몸이 불편했던 로트레크는 자신의 정적인 몸의 답답함을 말의 역동적인 움직임을 그리며 해소했던 화가였습니다. 알폰스 무하, 로트레크까지 첫 번째 『미술 극장』을 본 분들이라면 더욱 흥미로운 내용일 것 같습니다. 브라질리에가 그린 서커스의 말들은 그 움직임과 역동성이 무척이나 닮아 있습니다.

〈대서커스-로마〉는 폭이 무려 2미터가 넘는 대형 작품입니다. 로트레크는 말의 역동적인 움직임을 생동감 있게 포착해내는 능력이

Grand Cirque - Rome
대서커스 – 로마
앙드레 브라질리에
1955

Soir a Loupeigne
해 질 무렵
앙드레 브라질리에
2010

대단했습니다. 당시 서커스는 로트레크, 브라질리에뿐만 아니라 피카소, 샤갈 등 많은 예술가들에게 영감의 원천이었습니다.

말은 지금도 여전히 브라질리에가 가장 사랑하는 주제 중의 하나입니다. 그의 말은 추상적이고 몽환적인 색채로 자연 속에 담깁니다. 보고 있자면 꿈같은 풍경에 눈과 마음이 평온해지지요.

Cavalcade au bois bleu
푸른 숲의 기마 행렬
앙드레 브라질리에
2012

Régates au ciel rose

장밋빛 하늘로 향하는 요트경기

앙드레 브라질리에

2005

그가 얼마나 자연과 교감하고 사랑하는지는 그의 색채를 통해서 알 수 있습니다. 브라질리에는 봄에는 주로 초록색을 활용해 몸 안에 갇혀 있는 감성을 살려내고 여름에는 노란색, 가을에는 파란색을 주로 사용한다고 합니다.

특히 흥미로운 점은 그는 자연을 그릴 때 푸른색을 많이 사용한다는 것입니다. 그는 파란색을 마음과 꿈의 색이라 말합니다. 흰색의 종이에 파란색이 칠해질 때면 행복감을 느낀다고 하죠. 어떻게 보면 어린아이의 마음을 가지고 있는 사람들이 예술가들 아닐까요. 나이가 들어도 파란색 물감을 칠할 때 행복함을 느낀다는 것은 참 부러운 일입니다. 제 작곡가 지인의 말이 생각납니다. 예술성을 잃지 않기 위해 지켜야 하는 것은 동심과 사랑이라고요. 바질리에의 그림을 보고 있으면 유독 파랗게 물든 어느 날의 하늘이 기억납니다. 마음이 더없이 맑아지던 그때가 떠오릅니다.

> 파란색은 저에게 더 큰 역할을 합니다. 하늘의 연한 파란색에서 밤의 진한 파란색에 이르기까지, 나는 파란색의 모든 다른 색조를 좋아합니다. 그것은 마음과 꿈의 색깔입니다.

파리에서 활동하며 그는 마티스의 색채와 단순함의 균형, 마르크 샤갈의 낭만에서 영감을 받습니다. 추상미술이 대세인 시대가 왔지만 그는 지금까지도 20세기 거장들이 남겨둔 회화의 힘을 믿고 있습니다.

+ 나는 나의 뮤즈와 결혼했다

언젠가 이중섭의 인생을 공부하던 중 그의 영원한 뮤즈 마사코의 인터뷰를 본 적이 있습니다. 의외로 많은 사람들이 그녀가 바로 얼마 전 2022년에 눈을 감았다는 것을 모릅니다. 그녀가 90대에 한 인터뷰였는데요. 이중섭과의 첫 만남에 대해 묻는 기자의 질문에 마치 10대의 소녀처럼 환하게 웃었습니다. 사람이란, 사랑이란 이런 것이 아닐까요. 10대 시절의 첫사랑, 첫 만남의 기억이 90세 노년의 마사코에게는 잊을 수 없는 행복이었던 것입니다.

이중섭에게는 마사코, 샤갈에게는 벨라, 앙드레 브라질리에에게는 샹탈이 있습니다. 그녀와의 첫 만남은 1958년으로 돌아갑니다. 그해 6월 로마에서 둘은 처음 만났는데요. 프랑스 예술원에서 주는 로마 대상을 수상한 형을 만나러 갔다가 운명적이게도 같은 상을 수상한 형제를 따라온 샹탈을 만난 것이죠.

두 사람은 그곳에서 만나 사랑에 빠졌습니다. 얼마 뒤 둘은 파리에서 재회했고 그해 9월 결혼합니다. 이 둘은 운명의 짝과도 같았습니다. 그림뿐 아니라 음악과 예술에 대한 관심이 같았고 서로의 마음을 진심으로 이해하는 상대였습니다. 만난 지 3개월 만에 결혼하고 60년이 넘는 시간을 서로의 뮤즈로 살고 있다는 것만으로도 사랑을 증명하죠. 그녀를 만나기 전 브라질리에는 자신의 가족을 주로 그렸는데 이후 그의 캔버스에는 샹탈이 자리 잡게 됩니다.

La roseraie
장미원
앙드레 브라질리에
1974

Bouquet de lys
백합 꽃다발
앙드레 브라질리에
1991

더욱 놀라운 점이 있습니다. 그가 샹탈을 처음 만난 것은 로마지만 그의 그림 속에는 이미 그녀와 닮은 여인이 등장하고 있었다는 사실입니다. 그래서 그는 샹탈을 보는 순간 자신에게 찾아온 운명의 여인임을 바로 알아차렸다고 합니다.

브라질리에의 캔버스 속 샹탈은 자세한 디테일의 표현보다는 마치 실크처럼 부드러운 선으로 흐릅니다. 솜사탕 같습니다. 브라질리에의 사랑에서 엘리자베스 브라우닝의 소네트를 읽습니다.

당신을 사랑합니다.
일상의 가장 조용한 필요에 이르기까지,
태양 아래에서나 촛불 아래에서나.
(……)
칭찬에 수줍어하는 이들처럼,
순수하게 사랑합니다.
내 지난 슬픔에 쏟았던 열정으로,
그리고 내 어린 날의 신념으로.

그녀의 동작은 또 어떤가요. 동작 하나하나에 우아함이 담겨 있습니다. 그림 속 상탈은 한눈에 알아볼 수 있습니다. 한편 디테일한 묘사가 없기에 우리의 상상력을 더욱 자극합니다. 그래서 우리는 이 그림에서 각자 사랑하는 사람의 모습을 떠올리게 되는가 봅니다.

+ 캔버스에 펼친 산다는 것의 아름다움

행복하기만 한 삶은 없습니다. 모두 이별하고 모두 외로움을 지니고 슬픔을 끌어안고 살아갑니다. 브라질리에의 인생에는 전쟁 말고도 또 한 번의 비극적인 순

L'orchestre de feu
열정의 오케스트라
앙드레 브라질리에
2007

간이 있었습니다. 성인이 된 열아홉 살의 아들을 저세상으로 먼저 떠나보내야 했습니다. 그는 인터뷰에서 이 사건을 자세히 말하지는 않았지만 "끔찍한 시련이었다"라는 한마디 속에 아픔과 슬픔이 응결되어 있었습니다.

그는 더욱 그림에 빠져들었습니다. 그림은 그에게 위로였으니까요. 그리고 그의 주변에는 여전히 자신을 사랑해주는, 지켜야 하는 사람들이 있었고, 또 자신이 위로하고 돌봐야 할 것들이 있었습니다. 그

Le grand quintette
훌륭한 5중주
앙드레 브라질리에
2011

의 마음을 달래주는 또 하나의 예술은 음악이었습니다.

> 음악은 나의 삶에서 필수적인 역할을 한다. 나는 음악과 함께 살아간다.

브라질리에는 모차르트, 베토벤, 슈베르트를 좋아했습니다. 음악과 관련된 모든 것이 아름답다고 말하는 그는 1959년 '음악의 주

위에서'라는 주제로 전시회를 열기도 했습니다. 음악의 아름다운 선율은 그의 캔버스에서 색으로 칠해져 눈으로 보여집니다. 청각의 예술이 시각의 예술로 변하는 순간입니다.

그의 작품 앞에서 그가 좋아하는 음악을 들어보는 것도 좋을 것 같습니다. 브라질리에의 그림을 보며 지미 폰타나의 〈일 몬도(Il mondo)〉를 듣는 것을 좋아하는데, 여러분도 그림과 함께 즐겨보길 추천해드립니다.

그림 속 색만으로 어떤 종류의 음악이 연주되었을지 상상이 되기도 합니다. 노란색으로 물든 5중주는 왠지 봄의 느낌으로 무겁지 않은 즐거운 음악이 연주되었을 것입니다. 〈열정의 오케스트라〉는 웅장하고 무거운 선율을 펼치고 있는 것 같습니다. 그가 사랑한 탱고 작품도 한 점 감상해보겠습니다. 보는 순간 탱고의 열정적 순간이 눈앞에 펼쳐지지 않나요.

유려하고 자유로운 동작이 매력적입니다. 음악을 사랑하는 사람은 본능적으로 춤도 사랑하게 되는 것 같습니다. 브라질리에는 음악과 함께하는 춤의 무대를 좋아했습니다. 무대 위에서 펼쳐지는 격정적인 탱고를 보며 그는 이렇게 표현했습니다.

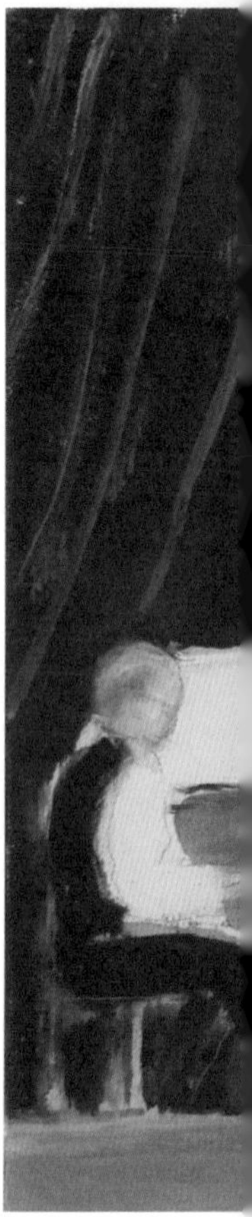

나는 탱고에 즉각적으로 매료되었다. 춤을 추지는 않지만 그 음악을 사랑한다. 탱고의 리듬, 격렬한 몸의 움직

Tango à Buenos Aires
부에노스 아이레스의 탱고
앙드레 브라질리에
2008

임. 갑작스레 주저앉는 여자. 놀라운 대조와 격렬의 극단을 이루는 이 춤은…… 황홀하다.

+ 샹탈, 꽃, 자연, 말, 음악…… 우리의 삶을 축복하며

샹탈, 꽃, 자연, 말, 음악……. 그의 예술은 아직도 캔버스 위를 흐르고 있습니다. 1980년 프랑스 센 강 연안에 있는 쉬농소 성에서의 첫 회고전, 1988년 앙티브의 그리말디 성의 피카소 박물관에서 또 한 번의 회고전을 개최했습니다. 수년간 프랑스, 독일, 일본, 미국, 러시아 등 세계 각지에서 수많은 전시를 열었습니다. 그리고 현재 2022년 12월 서울에서의 전시를 앞두고 있습니다. 글을 쓰는 지금도 그의 작품을 만날 수 있다는 생각에 두근거립니다.

그의 인생과 예술은 현재 진행형입니다. 그래서 이번 이야기는 마침표를 찍을 수 없는데요. 이 책을 읽는 독자들과 함께 브라질리에의 남은 여정을, 그가 그리는 아름다움을 함께 응원할 수 있어서 더 좋습니다.

마지막으로 이런 질문을 드리고 싶습니다. 젊은 예술가가 작품을 더 많이 그릴까요? 노년의 예술가가 더 많이 그릴까요? 물론 예술가마다 다르겠고 저는 아직 노년을 겪지 못했기에 그 마음을 이해하기에 부족하지만, 책을 통해 배운 바로는 다수의 예술가가 노년에 더 많은 작품을 쏟아냅니다.

Le Souper
저녁식사
앙드레 브라질리에
1975

젊은 시절에는 에너지를 쏟을 다른 일들이 많고 강렬한 유혹도 많습니다. 젊음의 욕망이죠. 하지만 나이가 들면 삿된 욕구는 줄어들고 더욱 창작에 몰입합니다. 브라질리에도 비슷합니다. 아흔이 넘은 지금도 양복을 차려입고 하루 열두 시간씩 그림을 그리고 있습니다.

마지막으로 함께 감상할 그림의 제목은 우리 모두의 일상 〈저녁 식사〉입니다. 브라질리에가 그려내는 인생의 아름다움은 복잡하지도 화려하지도 않습니다. 자연의 풍경을 보는 것, 사랑하는 사람과 함께하는 순간, 음악을 듣는 시간 등 사실 우리가 매일 경험하는 일상입니다. 무심코 지나치는 작은 기쁨들이죠. 행복은 기쁨의 크기보다 횟수가 중요하다고 합니다. 소소한 기쁨을 하나하나 채집하면 행복해지는 것 아닐까요. 그것이야말로 우리가 다할 수 있는 최선일 것입니다.

앙드레 브라질리에가 전하는 메시지는 간단하며 명확합니다. 예술을 통해 삶의 아름다움을 전할 것! 이토록 아름다운 한 사람을 여러분과 함께 이야기할 수 있다는 것에 감사하며, 그의 한마디로 두 번째 『미술 극장』을 마치겠습니다.

> 우리는 예술과 우리와 가까운 사람들을 사랑해야 한다. 인생은 힘들고 잔인하고 짧기 때문에 사랑의 메시지를 보내려고 노력해야 한다. 이것이 내가 그림을 통해 하려고 하는 것이다.

참고문헌

제1화 빈센트 반 고흐

- 라영환, 『반 고흐, 꿈을 그리다』, 피톤치드, 2020.
- 민길호, 『빈센트 반 고흐, 내 영혼의 자서전』, 학고재, 2014.
- 박우찬, 『고흐의 눈, 고갱의 눈』, 지에이북스, 2018.
- 파스칼 보나푸, 정진국 외 옮김, 『빈센트 반 고흐』, 열화당, 1990.

제2화 에두아르 마네

- 김광우, 『마네와 모네: 인상주의 거장들』, 미술문화, 2017.
- 스테파노 추피, 최병진 옮김, 『마네, 전통에 반기를 든 근대의 화가』, 마로니에북스, 2009.
- 질 네레, 엄미정 옮김, 『에두아르 마네』, 마로니에북스, 2006.
- 프랑수아즈 카생, 『마네–이미지가 그리는 진실』, 시공사, 2012.

제3화 피에르 보나르

- 앙투안 테라스, 지현 옮김, 『보나르–색채는 행동한다』, 시공사, 2001.
- 이경성, 『보나르(서양의 미술 35)』, 서문당, 2004.

제4화 에드가 드가

- 베른트 그로베, 엄미정 옮김, 『에드가 드가』, 마로니에북스, 2005.
- 앙리 루아레트, 김경숙 옮김, 『드가, 무희의 화가』, 시공사, 1998.
- 이연식, 『드가, 일상의 아름다움을 찾아낸 파리의 관찰자』, 아르테, 2020.
- 폴 발레리, 김현 옮김, 『드가 춤 데생』, 열화당, 2005.

제5화 폴 세잔

- 마리아 테레사 베네데티, 조재룡 옮김, 『세잔, 색채로 드러낸 불변의 진실』, 마로니에북스, 2007.
- 미셸 오, 이종인 옮김, 『세잔 사과 하나로 시작된 현대미술』, 시공사, 1996.
- 변종하, 『세잔』, 서문당, 1989.
- 실비아 보르게시, 김희진 옮김, 『폴 세잔, 색채와 형태의 미학』, 마로니에북스, 2008.
- 캐럴라인 랜츠너, 김세진 옮김, 『폴 세잔』, 알에이치코리아, 2014.

제6화 앙리 루소

- 안젤라 벤첼, 노성두 옮김, 『(내 손안의 미술관) 붓으로 꿈의 세계를 그린 화가 앙리 루소』, 랜덤하우스코리아, 2006.
- 코르넬리아 슈타베노프, 이영주 옮김, 『앙리 루소』, 마로니에북스, 2006.

제7화 수잔 발라동

- 문희영, 『수잔 발라동, 그림 속 모델에서 그림 밖 화가로』, 미술문화, 2021.
- 김미라, 『예술가의 지도』, 서해문집, 2014.

제9화 바실리 칸딘스키

- 김광우, 『칸딘스키와 클레-추상미술의 선구자들』, 미술문화, 2015.
- 김숙경, 『칸딘스키-그림자 없는 남성적 영혼의 귀족주의』, 재원, 2006.
- 애너벨 하워드, 김영주 옮김, 『디스 이즈 칸딘스키(This is Kandinsky)』, 어젠다, 2017.
- 하요 뒤히팅, 김보라 옮김, 『바실리 칸딘스키』, 마로니에북스, 2007.

제10화 오귀스트 르누아르

- 가브리엘레 크레팔디, 최병진 옮김, 『르누아르 인생의 아름다움을 즐긴 인상주의 화가』, 마로니에북스, 2009.
- 김정일, 『내 손안의 미술관, 오귀스트 르누아르』, 피치플럼, 2019.
- 안 디스텔, 송인경 옮김, 『르누아르-빛과 색채의 조형화가』, 시공사, 1997.
- 페터 H. 파이스트, 권영진 옮김, 『피에르 오귀스트 르누아르』, 마로니에북스, 2005.

제11화 에드바르 뭉크

- 김광우, 『뭉크, 쉴레, 클림트- 표현주의의 대가들』, 미술문화, 2016.
- 에드바르 뭉크, 이충순, 박성식 옮김, 『뭉크 뭉크』, 다빈치, 2019.
- 울리히 비쇼프, 반이정 옮김, 『에드바르드 뭉크』, 마로니에북스, 2005.
- 유성혜, 『뭉크: 노르웨이에서 만난 절규의 화가』, 아르테, 2019.

그 밖에

- 문소영, 『명화의 재탄생: 라파엘로부터 앤디 워홀까지 대중문화 속 명화를 만나다』, 민음사, 2011.
- 스테파노 추피, 서현주, 이화진, 주은정 옮김, 『천년의 그림 여행』, 예경, 2009.
- E. H. 곰브리치, 백승길, 이종숭 옮김, 『곰브리치 서양 미술사』, 예경, 2017.
- 이연식, 『예술가의 나이듦에 대하여』, 플루토, 2018.
- 제라르 드니조, 배영란 옮김, 『핵심 서양미술사』, 클, 2018.

자료를 찾기 위해 도움받 은 미술관

화가에 대한 정보와 작품을 직접 보고 싶은 마음에 근현대 화가들을 중심으로 관람이 가능한 미술관에 다니며 많이 배웠습니다. 코로나라는 특수한 상황으로 더 많은 곳에 갈 수 없어 아쉬웠지만 더 많은 분들이 그림과 사랑에 빠졌으면 하는 마음으로 즐겁게 다녀왔습니다.

- 티센보르네미서 미술관(Thyssen–Bornemisza Museum)
- 파리 마르모탕 모네 미술관(Marmottan Monet Museum paris)
- 오르세 미술관(Musee d'Orsay, Orsay Museum)
- 파리 시립 현대미술관(Modern Art Museum of the City of Paris)

도슨트 정우철의 미술 극장 2

1판 1쇄 발행 2022년 12월 20일
1판 3쇄 발행 2023년 5월 30일

지은이 정우철

펴낸이 김유열 | **지식콘텐츠센터장** 이주희 | **지식출판부장** 박혜숙
지식출판부 · 기획 장효순, 최재진, 서정희 | **마케팅** 최은영
북매니저 윤정아, 이민애, 정지현, 경영선

책임편집 오하라 | **교정교열** 정진라 | **디자인** [★]규 | **인쇄** 우진코니티

펴낸곳 한국교육방송공사(EBS)
출판신고 2001년 1월 8일 제2017- 000193호
주소 경기도 고양시 일산동구 한류월드로 281
대표전화 1588-1580 | **이메일** ebsbooks@ebs.co.kr
홈페이지 www.ebs.co.kr

ISBN 978-89-547-7260-0 04300